JN174495

教えて中馬さん！

幸せのための憲法レッスン

金井奈津子

かもがわ出版

はじまりは２００５年

日が沈むと、国会議事堂がライトアップされ、藍色の空にくっきりと浮かび上がる。美しい姿なのに、今は威圧感しか感じない。さっきから旋回を繰り返しているヘリコプターはどこのテレビ局だろう。虫よけを念入りにスプレーし、国会前庭庭園の石垣に座り直した。

「これ、召し上がらない？　意外とおいしいのよ」

３人連れの60代とおぼしき女性が、冷凍したカットパイナップルを差し出した。２０１５年8月7日。とにかく蒸し暑い。一切れ頂くと、その冷たさにホッとする。


ドラムやタンバリンの音と若者たちの声が響く。

「戦争法案　絶対反対」「国民なめんな！」「勝手に決めんな！」

彼らの言葉に続き、力いっぱいに繰り返す。

渋谷で５０００人を集めた高校生デモの主催メンバーの男子高校生がマイクを握っている。

「高校生は勉強だけしてればいいって言われる。わざわざ高校生が、こんな夜に、こんな国会前でこんなことしているなんて完全に異常。でも、おれら高校生がこうやって時間を潰してまでやらなきゃならないことなんです。政治に無関心とか言ってる場合じゃないんです」

その通りだよね。

私は、25歳まで1度も選挙に行かなかった。政治になんてまるで無関心で、おいしー、たのしー、うれしーにまみれて暮らすことだけが、人生の重大関心事だった。

何も知らないくせに、「政治家なんて誰がなったって同じじゃん」と決めつけていた。「なんで日曜日に、わざわざ選挙なんかに行かなきゃならないわけ？　めんどくさー」そんなふうだった。使わなかった私の1票も、息子より若い彼が、「こんなことしている」一因になっているのだろうか。

そんなノンポリミーハーだった私が、２０１５年のいま、猛暑の中「安保関連法案に反対する抗議行動」のために国会議事堂前にいるなんて、10年前は想像すらできなかった。

あなたは、新聞を読むだろうか。私は書く仕事を目指した23歳まで、読まなかった。類は友を呼ぶ。まわりの友達もみな同じような感じなので、恥ずかしいとも思わなかった。興味があるのはおいしいものやおしゃれ、旅行やコンサートなど楽しいことだけ。当時はネットもスマホもなかったけれど、情報源はお気に入りの女性誌とテレビ、友達とのおしゃべりで十分だった。

ライターになってずいぶん経ってからも、1面は見出しだけをチラリと眺め、ひっくり返し、めくるのはテレビ欄から。社説や1、2面を読むには、今でも「気合い」がいる。

2005年4月17日のその朝もそうだった。でも、ひっくり返そうとした寸前、『不機嫌』という文字が目の端に入った。

「ん？」

まさに私の気分だった。息子の成績は過去最低を更新中。オムレツはフライパンにひっつき、おろしたてのシャツには紅茶の1滴が飛んでいた。

新聞の1面といえば、たいていが政治や経済の話題か、災害や大きな事件。いきおい無味乾燥な言葉ばかりが並ぶ。人の感情を表わす「不機嫌」なんていう言葉を見るのは珍しい。自分自身がまさに不機嫌だったこともあり、『不機嫌な時代である』という1行で始まる、そのコラムを読み始めた。

こんなに誰もが不機嫌な世の中になったのは、政治や教育が悪いからだ、つまり憲法が悪いからだ、変えればきっと良くなるという「戦略なき改憲世直し論」に待った！をかけ、「憲法とは、それへ向けて1歩でも近づこうという理念・目標のはずである」と語り、憲法9条と現状の間の隔たりの解消には、自衛隊を憲法に合わせる方法もあると説いていた。

難しい言葉がなく、自然な流れ。1600字をするっと読めた。

その5年前から私は、地元松本市の神宮寺というお寺で、定期的に開かれる講演会を取材していた。テーマは生きること、老いること、病むこと、そして死ぬこと。20代の頃と変わらず、おいしいものもおしゃれも旅行も好きだけど、こういう事にも興味があるようになっていた。さすが年の功。

戦争や原子爆弾の話、今も続く原子爆弾の後遺症の話、沖縄の米軍基地の話、沖縄戦の話、戦争の原因にもなる宗教の話などを何度も聞いた。回を重ねるごとに「戦争はいやだ」という思いが強くなっていた。

その思いが、憲法と自衛隊の関係を論じたそのコラム「考《こう》」に反応させたのだろう。『自衛隊を憲法に合わせる方法もある』という文章に、おお、確かに！と思った。「憲法9条」とは、「日本は戦争をしない。戦力は一切持たない」と定めた日本国憲法の条文だ。そうだった！　日本は戦争をしないと決めた国なのだ。

署名入りのその記事には「主筆　中馬清福」とあった。

「ナカウマ……セイフク？」


その新聞は「信濃毎日新聞」（略して「信毎《しんまい》」）、長野県では朝日新聞や読売新聞などの全国紙もしのぐ、購読率No.1の地方紙だ。当時の私は「主筆」が何をする人なのかも知らなかったが、政治や憲法にほとんど知識のない私の心をもつかむ文章に感動した。

お名前の読み方すらわからなかったその方―中馬《ちゅうま》清福《きよふく》さんと、のちに5年半も続く連載『憲法をお茶の間に　中馬清福さんに聞く』をやらせていただくことになるとは、国会前に行くことよりももっと、想像しなかった。

この本は、まったくポリティカル（政治的）な人間ではなかった私が、中馬さんに学びながら、「憲法は、自分や家族の幸せを守る術」だと気づいていく5年半を凝縮したものだ。

政治も法律も憲法も全然わからないけれど、このままでは、なんか不安。だから、「私に必要なことだけ、ラクに知りたい」――そう思っていた私と同じような方たちに、届いてほしいと願いながら書いている。

教えて中馬さん！　幸せのための憲法レッスン●もくじ

Lesson 1

おしゃれもグルメも憲法も、おんなじ幸せの素

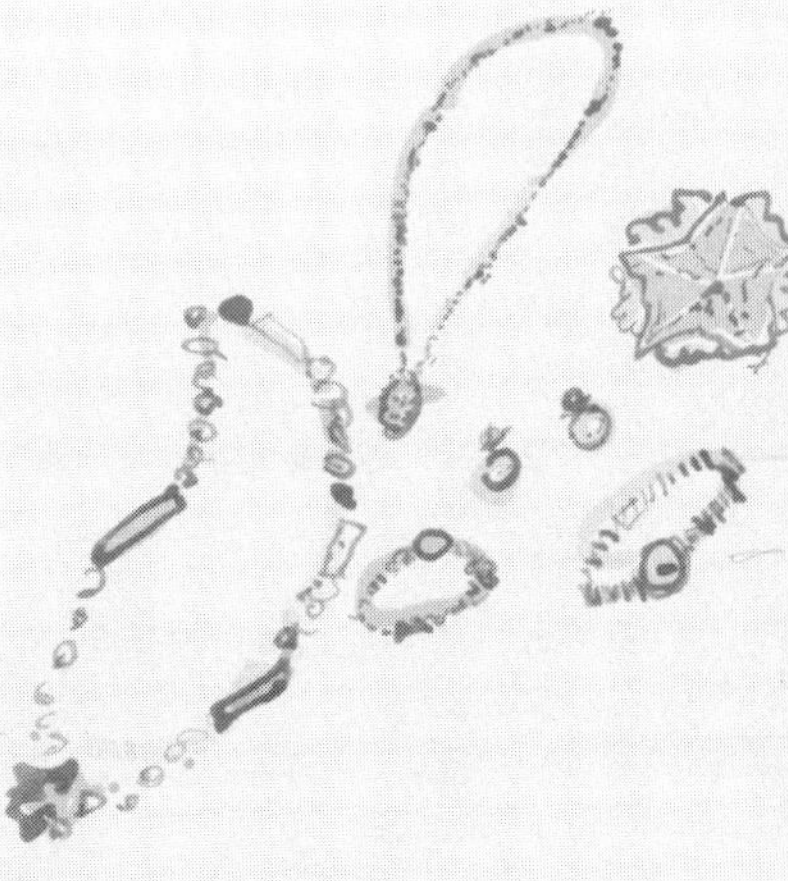

§なぜか、政治に目覚めちゃった

東京生まれの東京育ち。雑誌「ＪＪ」の洗礼を受けたニュートラファッション。レイヤーを入れた髪を毎日念入りにブローし、ブランドバッグは憧れアイテム。「おいしー、うれしー、たのしー」だけが人生の大事だった。その資金を得るためのＯＬ生活。勤め先では会社案内やポスター、パンフレットなどを発注する部署で、デザイナーやコピーライターと接することが何度かあった。

「なんか違うなー。私のほうが書けるかも……」

口に出さなかっただけマシとはいえ、まさに若気の至り……。いや、傲り。コピーライター講座を受講までしちゃって、やっと目が覚め、傲りも自信も木端微塵。プロの厳しさを思い知らされ、打ちのめされた……。

結婚した夫は、故郷の長野県松本市に帰ることが決まっていた。

「私、どうやって、仕事するんだろう……?」。それでも、「書くこと」を仕事にしたかった。誰一人知り合いのいない松本で、雑誌を買い集め、レポーターや契約ライターの募集に応募しまくった。ホテルのアイデア募集、雑誌の新企画、愛称募集など、少しでも「できるかも」と思うものには、とにかく応募した。落ちまくったが、都内のホテルのブライダル企画では優秀賞になり、３つの雑誌の契約ライターにもなんとか採用された。が、たった２００字の原稿を真っ赤に直される現実……遅ればせながら、若気の傲りを恥じた。

そんな日々の中で、なぜ信濃毎日新聞さんが声をかけてくれたのか、いまとなっては思い出せない。当時の関係者に聞いても「なんでだったかなぁ」という返事。けれど、とにかく、コピーライターとして夕刊の「世界の味」というシリーズ広告を任せていただけたのだ。松本に住み始めてすでに3年が経っていた。

その後、信濃毎日新聞や系列のフリーペーパー（＝連載をさせて頂いた「松本平タウン情報」「週刊まつもと」）で女性の生き方や、信州の果物を使ったお菓子の記事を書いたり、シャンパンやカクテルの特集をしたりと、書く場を得続けることができた。また、指揮者の小澤征爾さん率いる「サイトウ・キネン・フェスティバル松本」という音楽祭の報告写真集の文章を初年度から11年間担当した。会社案内、学校案内を作ったり、新聞広告を作ったり、大学や芸術ホールの広報誌の仕事をしたりもした。


そんなミーハー系の私が、なぜ憲法に興味を持つようになったのか。3つの理由が重なったからだ。

1つ目は前に書いたように、「生老病死」をテーマにした講演会の取材を通じて、「いまの平和とか、平穏な生活ってあたりまえじゃないんだ」と思うようになったこと。

2つ目は、信州にも縁のある絵本作家いわさきちひろさんの言葉。『平和で、豊かで、美しく、可愛いものがほんとうに好きで、そういうものをこわしていこうとする力に限りない憤りを感じます』という言葉に出会い、衝撃を受けたこと。

それまでの私には、「平和運動」は、すごく高い敷居の向こうにあるものだった。勉強熱心で、物知りで、質素で、化粧っ気がなくて、志の高い人たちだけが「反対！」と拳を振り上げている……そんなイメージだったのだ。「おしゃれやおいしいものや、楽しいことが大好きな私でも、平和のことを考えていいんだ！」。ウロコが落ちた目に、水玉模様のふんわりワンピースを着て、ほほ笑むちひろさんが見えた気がした。

3つ目は子どもが3歳のときに、命にかかわる大病をしたことも大きかったと思う。必死に守ったこの「命」。それが蔑ろにされるのが戦争なんだと、なぜか戦争を意識した。

1991年2月。テレビは連日、湾岸戦争の様子を伝えていた。クウェートを占領しようと攻め込んだイラクに対する多国籍軍の〝正義の爆撃〟は、多くの市民の家を粉々にした。その家の前で、若いお母さんが泣いていた。その足には2歳くらいの女の子がしがみついている。父親はどうしたのだろう……。こんな目に遭わなければならない理由が、この母子にあるとは思えない。

そのとき、私の娘は5歳、息子は2歳。

もし、日本が巻き込まれたら、私たちがこの母子と同じことになるのか……。

ゾッとした。でも、所詮は遠い国の「他人事」。

「日本じゃなくてよかった」――。当時はそれ以上を考えることはなかった。

その後、2003年には「イラク戦争」が起きる。「イラクは大量破壊兵器を持っているから、先に攻撃する」と、国連の制止も、世界からの抗議の声も聞かず、アメリカは開戦した。

多くの悲惨な映像や写真がメディアに溢れた。片足を吹き飛ばされた息子を抱えるイラク人の父、娘の胸に泣き伏せている母。娘のワンピースは血に染まり、生きているとはとても思えなかった……。

「戦争では、弱き者、幼き者から犠牲になる」

何かで読んだ1行が、頭にこびりついた。

イラクのフセイン大統領が政権の座を追われ、アメリカが「大規模な戦闘の終結」を宣言した後も、アメリカが主張した「大量破壊兵器」は見つからず、戦争は8年8カ月余りも続き、戦闘やテロで死亡した一般人は11万6000人（50万人というデータもある）、アメリカ兵は約4500人（アメリカ国防総省）。帰還した兵士の多くには、PTSD（心的外傷後ストレス障害）の症状が出て、日常生活を送れなくなったり、自殺したりしている。敵と勘違いして妻を射殺してしまったというニュースも聞いた。

「こんなに多くの人の命や平穏な生活を奪ったのに、『見つからなかった』で済むの？　アメリカに言われるまま自衛隊を派遣した日本も、それで済むの？」

怒りが、全身に渦巻いた。怒りを抱えたまま暮らすのはしんどい。けれど、アメリカ政府や日本政府に私が抗議する方法も思い浮かばず……。どうしたらいいのかわからなかった。

当時の私には、「デモ」なんて、遠い世界の話。学生運動をしてきたようなバリバリの人しか、足を踏み入れてはいけないようなイメージだった。「あんなことやって、意味あんのかなぁ」とも思っていた。そんな時、ライター仲間が、松本でイラク戦争の写真展を企画した。「これなら参加できる！」とスタッフに加わった。集まったのは農業、主婦、自営業、会社員、学生、フリーターなど多種多様な人たちだ。けれど「こんなことが許されるの？」という憤り、そして「こういうことは初めてだけど、何もしないではいられなくて」という気持ちは同じだった。

§ちゃんと知りたい、学びたい

こんなことを繰り返すうちに、「政治」と「自分」の繋がりを感じるようになっていった。「自分事」として、社会の動きを感じている自分に驚きつつ、「日本も戦争と無縁ではいられなくなるんじゃないの？」という不安が膨らんでいった。中馬さんのコラム「考」との出会いは、そんな2005年のことだった。

２００６年、第一次安倍内閣が発足する。教育基本法の改正、防衛庁の省への昇格、そして２００７年、憲法改正のための国民投票法の成立と矢継ぎ早だった。

いままでの日本の平和主義路線を根本から変える手続きが着々と進んでいることだけは、私にもわかった。

新聞には「9条改正」「軍隊に」の文字が目立つようになり、すでに出されていた自民党の「新憲法草案」には「自衛軍を保持する」とあった。

自衛隊の呼び方を変えるだけなら、憲法の改正はたぶんいらない。「自衛軍」の兵士には誰がなるんだろうか？　「軍隊」ってことは戦場へ行くんだろうか。軍隊になった自衛隊に入る人はどのくらいいるんだろう？　人員が足りなかったら、徴兵制になったりするんだろうか？

「『国民投票』ってことは、私も投票するんでしょ？　憲法のことを、ちゃんと知らなければ、『変える』『変えない』の投票なんてできない！」。そんな思いが、いつも頭の片隅を占めていた。

コラム「考」は、毎回シンプルな問いかけで、私に考える時間を与えてくれた。『安倍政治はどこへ行くのか』『改憲投票法をなぜ急ぐか』『改憲で美しい国になるか』。どれを読んでも、「その通り！」「そうだったのか！」と納得した。２００７年夏、中馬さんは2年分の「考」を1冊の本にまとめて出版した。

当時、私は、松本平タウン情報で「金井奈津子の素顔の著者と」というインタビューの連載をやっていた。

信毎にお世話になって20数年。偉くなったかつての仕事仲間も何人かいた。頼めば、中馬さんを紹介してくれる人もいたと思う。でも、なんだかそれは違う気がしていた。

「私が頑張って、会うべき時がきたら、きっと、神様が会わせてくれる」。なぜだか、そう思っていた。

そして、ついにそのタイミングが来たのだ。

「やった！　中馬さんと会える！」。さっそくインタビューをお願いする手紙を書き、ＯＫをいただいた。

仕事柄、初めての方と会うのは慣れているはずなのに、物凄く緊張した。あこがれの、雲の上の巨匠に会うのはこんな気分だろうか。

長野市にある信毎本社の主筆室で、中馬さんは、穏やかな笑みをたたえて迎えてくれた。事実の積み上げによって展開する、わかりやすく、嫌みのない理論。そんなコラムそのままの人柄と話しぶりに引き込まれた。

中馬さんは、新聞の読者を「パートナー」と呼んだ。「情報はうのみにせず、考え、疑うことで、真偽を見抜く力が付く」と熟練の新聞記者は言った。柔和な目は、時々72歳（当時）とは思えない鋭い光を放つ。1時間、一生懸命に聞いた。そして、一生懸命にインタビュー原稿を書いた。

拙い記事をお読みくださり、感想メールをいただいた。「インタビュアーの情熱が対象者を動かし、ふだんなら口にしない胸中を吐露しています。文章というのは生きものですね。小さく叩けば小さく響き、大きく叩けば、大きく響く。その好例です」。2年半、溜めに溜めた情熱だけには自信があったから、有頂天になった。ブタもおだてりゃ木に登る。その悪例だった。

以来、中馬さんのことが頭から離れない。恋？　滅相もない。浮かぶのは、憲法のことだ。

「憲法のことを誰かに聞きたい。いや、中馬さんに聞きたい！」

「信毎の記者でもないのに、生意気かな……」

「中馬さんならきっと、私の幼稚な疑問にも答えてくれるはず」

「でも無謀だよね……」

インタビューが終わってからずっと、自問自答を繰り返し、1年が過ぎた。憲法改正の国民投票を国会が提案できるようになるまで、あと2年になっていた。

「日本は、生まれる子どもが減り続けている。自衛隊員になる人だって、きっと減る。徴兵制になるんだろうか？　うちの子が戦争に行くことになるんだろうか？　うちの子が人を殺したり、殺されたりするんだろうか」――この不安が、迷いを突き破り、とうとう私は中馬さんに連載を申し込む決心をした。

「30分でいいので、お時間をいただけますか？」。返信メールを待つ時間の、なんと長かったことか。いや、自問自答の1年に比べたら何でもない。面会を許され、ずっと溜まっていた不安をぶつけた。

「もし将来、国民投票になった時、日本国憲法を変えるか、守るか、ちゃんと理解した上で投票したいんです。『そんなこと、知らなかった』と後悔したくない。そのために憲法をきちんと知りたいと思うんですが、どこから手を付けたらいいのか、どの本を選んだらいいのかもわからないんです。

私みたいなお母さんはたくさんいると思うし、なんとなく話しにくい憲法のことを、話せる雰囲気を作りたい。ノンポリ出身ミーハーライターとして、その材料になるような記事を書きたいんです。どうか指南役になってください！」

中馬さんはじっと私の目を見て、聞いていた。そして、「政治的な考え方や思想は一晩でひっくり返ることもありますが、我が子を思う母の思いは、何があっても変わらない。やりましょう！」。そう言って、快諾してくださった。


掲載紙となった「松本平タウン情報」は、長野県の中信地区（松本市、塩尻市、安曇野市、大町市、東筑摩郡、北安曇郡、木曽郡）の信濃毎日新聞に挟み込まれる16～24ページ仕立てのフリーペーパーで、約12万部を発行している。

載っているのは街の話題、趣味やサークルのこと、地元で輝いている人や人気店、イベント情報など。日本のどこでも見かけるタウン紙の1つだ。

けれどこのタウン情報には、時々、大手新聞にも負けないような骨太な記事が載る。編集長は信毎を退職したベテラン記者、副編集長は信毎からの出向。リベラルマインドとジャーナリスト精神が備わった人が、2トップを務めていた。ミーハーな話題とリベラルマインド。私のやりたいことそのままだ。

その上、創刊から13年の歳月を経て、私が届けたい女性たちの日常に、しっかりと浸透していた。

だからこそ、「ここで！」と中馬さんと意見が一致した。街の話題と一緒に、気づいたら「あら、憲法も読んじゃった」というようにしたい。お母さんが興味を持ってくれれば、家庭の話題になる。お父さんと話してくれれば、子どもの耳にも入る。

担当デスクには、その少し前に企画書を出していた。

「えぇぇーー？　中馬さんにインタビュー企画？　勇気あるねぇ～」

あきらかに、身の程知らずに対する呆れニュアンスが込められていた。

けれど、そんなことにめげてはいられない。

「OKいただけたら、紙面もらえますよね？」

「もちろん、いーよー」。その気の抜けた返事を、私はしかと胸に刻んでいた。

意外と執念深い。

「中馬さんにＯＫいただけました！」

私の報告に、デスクの目は2倍の大きさになった。

「本気だったんだ？　ホントに中馬さんに、主筆に頼んじゃったの？　ホントにＯＫ貰って来ちゃったんだ？」

デスクは椅子から転げ落ちそうになっていた。

しかし、突進イノシシ状態の私の迫力に恐れをなしたのか、紙面の確保に動いてくれた。こうして、2008年11月から松本平タウン情報で「憲法をお茶の間に　中馬清福さんに聞く」の連載開始が決まった。

それが悪戦苦闘5年半の始まりでもあったことを、この時の私は、まだ知らない……。

§憲法ってナンだ？

「金井さん　憲法って何だと思いますか？」

連載開始を控えた２００８年晩夏。信毎本社・主筆室の大きな窓からは、陽光を受けて輝く北アルプスの山なみまで見渡せる。見とれていた私は、中馬さんの不意の質問に一気に現実に引き戻され、そして答えにつまった。

金井「き、決まり事ですよね、国の」
中馬「そうですね。決まり事には、『守るほう』と『守らせるほう』がいます。『守るほう』は誰でしょう？」

（えっ、守るほう？　なにそれ？）
白くなっていく頭にムチを打ち、必死に考える……。
（さっき私、国の決まり事って言った……ということは）

金井「……『国』ですか」

中馬さんがうなずいた。まるで小学生と先生の会話だ。

中馬「憲法は、『国が、守らなければならない決まり』です。では、守らせるのは誰ですか?」

金井「……」

決まりは、決まり。ただ「守るもの」で、誰が守らせるかなんて、考えたこともなかった……主筆室に沈黙が広がる……。

見かねた中馬さんがヒントを出してくれた。「日本国憲法の3大原理は覚えていますか?」

知っている単語にホッとする。

金井「『基本的人権の尊重』『平和主義』『国民主権』です」

そう答えてから、気づいた。

金井「あっ、主権者である国民が、『守らせる側』ですか?」

中馬「そうです。憲法は、国民が、政府などの権力側・権力者に守らせる決まりです」

そうだったのか……『国が守る決まり』と答えた時、「国」＝「全日本人」のようなイメージだった。総理大臣も、官僚も、国民もみんなで守らなくてはならない決まりだと思っていた。けれど、違っていた。

「ルール」というものには、守る側と守らせる側がいるのだ。

「このルールに従って、いい政治をしなさい」と言えるのは主権者である私たちなんだ。私の中で、憲法のイメージが変わった。

金井「そうなんですね。日本の国のあり方を決めたルールが憲法で、『これを守って、国を治めてくださいね』って、政府に命令する方法が憲法ということですか？」

中馬「その通りです」

力強くうなずいてくれた。

金井「ということは、政治家や公務員ではない日本人は全員、『守らせる側』にいるんですか？ つまり私もですか？」

中馬「そうです」

金井「政府はこの決まりを守ってね。私の基本的人権が侵されたり、平和に暮らす権利を邪魔されたりしないようにしてくださいね、と命令できる。それが憲法なんですか？」
中馬「はい。そういうものである憲法に従って、国を治めることを『立憲主義』と言います」
金井「立憲主義かぁ……そうなんですね」

この会話から6年後、「守らなければいけない側」にいるはずの総理大臣や国会議員によって、憲法の解釈が変えられ、立憲主義が脅かされる事態になろうとは、この時の私は想像さえしていなかった。多くの日本人が、立憲主義や憲法について、とくに意識することもなく暮らしてきた。この連載を始めなければ、もちろん私もだ。

§なぜ、憲法が必要なのか

２００８年晩夏の主筆室で、中馬さんとの会話は続く。

日本は立憲主義の国なんだ。

ん？　世界中、立憲主義の国ばかりなのだろうか？　違うなら、それは何主義？　何に従って「国を治めて」いるのだろう？

中馬「昔の王様はすごい権力を持っていましたよね。どんなにわがままで無理な決まりでも、王様が決めればそうなってしまいました」

金井「フランス国王のルイ16世！　私、『ベルサイユのばら』が週刊マーガレットに連載されていたとき中学生で、読んでたんですよ～」

中馬「ちょうど世界史を学び始める時期と重なったわけですね。そう、フランスの絶対王政が典型です。勝手放題の王様の代表格はルイ16世よりも前のルイ14世ですが。こうした王様による政治の仕組みを絶対王政、その王様を絶対君主と言いますよね。絶対君主の横暴や過酷な税金に苦しめられた民たちは、その政治に不満をつのらせて行きます」

金井「そして、フランス革命が起きるんですよね！」

中馬「そうです。市民が議会をつくり、フランス人権宣言を決議して、国民主権や自由・平等、三権分立などを打ち出しました」

フランス市民による革命が絶対王政を崩して、〝王様〟主義をやめさせたということ、国民主権の民主主義を、国の政治のあり方として勝ち取ったということだ。70年前の日本は、ちょっと違う。それはあとの章に回す。

中馬「現代の世界では民主主義の国が主流になっていますが、たとえ選挙で選んだ自分たちの代表であっても、権力を野放しにすればしばしば暴走します。だから権力を持った者には、勝手なことができないように縄をかけることにしました。その縄が、憲法なんです」
金井「憲法は、権力を持った人をしばる縄……」
中馬「そうです。憲法の一番の役割は、1人ひとりでは弱い私たちの人権を、国家の権力から守ることなんです。権力者が暴走して、私たち国民の人権を脅かすことがないように、私たちが権力者をしばる縄が憲法です。これをいつも忘れないでください」

なるほど。私たちの人権を脅かすことがないように、権力者をしばる縄が憲法なんだ。この憲法に従って国を治めることを立憲主義というんだ。

ん？「人権」ってなに？　教科書には「人間が、生まれながらに持っている権利」って書いてある。

わかる？　わからない！

人間が生まれて、まずすることって……息を吸うこと。そして泣くこと、おっぱいを飲むこと、眠ること。オムツだって替えてもらわなきゃ！

そのためには、まず、赤ちゃんが吸っても大丈夫なきれいな空気がいる。泣いてもいい空間もいる。おっぱいを出してもらえなければ赤ちゃんは育たないのだから、お母さんがご飯を食べ、突然、他人が入ってきたりしない場所で安心して眠れることが不可欠だ。お金持ちでも、貧乏でも差別なく。

ものを考えたり、言ったり、住む場所や職業などを選ぶためには、男も女も関係なく、教育を受けなきゃならない。その教育を元に、様々な情報を得て、選んで、選挙もできなくてはならない。どんな社会、どんな国にしたいかは、人の人生に関わり、幸せな人生を送るために必要だから。

これが人権っていうことなんだろうか。「人が生まれながらに持っている権利」って、幸せな人生を送るベースってことなのかもしれない。

それらを、権力者に奪われたり、侵されたりしないように、憲法が守っている。もしそれらの権利を持っていなかったら、国に「ください」と請求もできるらしい。

§憲法って幸せの「素」かも

憲法は、「私の人権を守ってよ！」と権力者に求めるよりどころなのだ。憲法って、なんか、いい。知っていると得をする。いや、知らないと損をしそう。

中馬「日本国憲法は、あなたや私1人ひとりが、同じ、大きな価値を持ち、国の政治を行う上で、最も大事にされる存在であるという考え方（個人の尊重）が基礎になっています。つまり、個人を主人公にして、政治をしなさい、ということです。これが民主主義政治なんです」

金井「主人公……ですか。確かに民主主義って『民を主にした』主義と書きますね。でも、私は自分がこの国の主人公だなんて思ったことないです」

中馬「そうでしょう。ほとんどの人がそうなのではないですか。けれど、主人公になった。そのあなたや私にとって、1番重要なのは『個人の尊厳』です。尊厳とは『人間としての誇りをもって生きていくこと』。つまり、人が、肉体的にも精神的にも拘束を受けず自由であり、自分の意に反して、非人間的な扱いを受けないということです。

『個人の尊厳』の基に、人間1人ひとりを大切にする『個人主義』があり、その個人主義をバックにしているのが民主主義なんです」

こんなふうに考えたことはなかった。「個人主義」という言葉を、あまり良くない言葉として受け止めていた。「私は私、あなたはあなた。自分の責任で生きるから、干渉しないし、されたくない」。そんなイメージだ。

でも本来の意味は、個人、個人の価値を認め、1人ひとりの考えや感じ方を大切にすることを、社会を形づくる基本にしようという考え方だった。
この世に生まれてきたたった1人の、かけがえのないあなたや私。その尊い存在が、権力者の横暴や戦争に苦しめられることなく、自由で人間的で、幸せな人生を送るために憲法はある……らしい。100%、庶民の味方であるものらしいのだ。

中馬「こうやって、1つ1つ見ていくと、日本国憲法ってとっつきにくいものではないでしょ。それなのに、日本人は憲法を知らなすぎます。私は憲法を神棚からお茶の間のちゃぶ台に降ろしたいと思っています。飾ってあっても何の役にも立ちません。憲法は、私たち国民の暮らしを守るパスポートなんですから」
金井「パスポート……ですか?」
中馬「はい。パスポートには『日本国民である本旅券の所持人に必要な保護扶助を与えられるよう、関係の諸官に要請する』と書かれていますよね。海外に行くとき、日本国民であるこの人を、いろいろな危険から守り、必要な力添えをして安全に旅させてやってくれと、行き先国の政府に求めているものですね」
金井「そうだったんですね。ないと海外に行けないもの、くらいの認識しかなくて……。憲法がパスポートということは……人生という旅のあいだ中、国家権力から私を守り、必要な力添えをして、安全で幸せな人生を送れるようにしてやってくれと、日本政府に求めているのが憲法ということですか？」

中馬「その通りです」

憲法は、私たちから国家権力に向けた命令で、それによって国民1人ひとりが守られている――。初めて知った。

§「あなたらしく」生きる自由を守る

「社会の主人公」としてのあなたや私にとって、1番重要な「個人の尊厳」とは、人間としての誇りを持って生きていくことだと知った。誇りを持って生きてくのには、何が大事なのだろう。

中馬「国家権力から干渉されず、人々が自由であることです。自由は、失って初めて、その大事さがわかるものです。失った自由を取り戻すのは、どれほど大変なことか。わかりますか？」

わかりません……。自由を守る、自由を得る。革命の時代じゃあるまいし、そんなこと考えたことなどなかった。
私の目にはたぶん、「?」マークと、やや斜に構えた心が浮き出ていたのかもしれない。中馬さんは、さらに説明を続けた。

中馬「今、話しているのは『社会的自由』についてです。社会生活において、個人の人権が侵されないことが約束されるということです。基本的人権は『侵すことのできない永久の権利として、現在及び将来の国民に与へられる』と日本国憲法に書かれています（第11条）。さらに、あなたや私は『個人』として尊重され、政治を行う上で、最も、何よりも尊重されますということも書かれています（第13条）。さらにもう1つ。権力は、暴れ出したら手が付けられないモンスターに変身し、私たちの尊厳を冒しかねないので、1カ所に集めず、3つに分散しています」

三権分立って、そういうことか！　テストのために覚えたけど、何のためかなんて考えていなかった。権力は1カ所に集中するほど濫用され、私たちの人権を脅かしやすい。だから立法、行政、司法に分け、それぞれがチェックし合うことでパワーを弱めて、人権が侵害されにくくしているんだそうだ。
私たちの人権は、3大原理をつくったり、権力を分散したり、立憲主義を採用したりすることによって、何重にも守られていた。

この国の主権者は、人権の『主』である私たちだから。それにもまして、暴れだしたら手が付けられなくなる権力というモンスターの恐ろしさを、自由を奪われることの悲惨さを、憲法を定めた70年前の国民が、嫌というほど痛感していたからなのかもしれない。

自由は大事なのだ。私の目から「?」マークが消えた（はず）。

§国を「治める」のは誰だ

中馬「先ほどから主権が国民にあるということをお話ししてきました。では、『主権』とはなんでしょう?」
金井「……なんでしょう?」
中馬「金井さん、選挙は行っていますか?」
金井「はい、25歳からは（汗）。それまでは『誰がギインなっても一緒だし、私1人が行かなくても何も変わらない』と思っていたので……。でも、行かなきゃ、世の中にモンクも言えないと気づいてからは、必ず行っています」
中馬「それは結構。『国民主権』とは、国民が『国政の最終決定権を持っている』ということです」

国政は国の政治のこと。その最終決定権ってなんだろう？　さっき、中馬さんは選挙の話をしていたよね……

金井「あっ！そうか、選挙！　これが『最終決定権』ですか？　今の政治に不満だったら、1番近い選挙で、政権を持っている党の候補者に票を入れないようにするということですか？」

中馬「はい。その党を政権党ではなくすることで、内閣を変え、総理大臣を変えることができる。その意味で、選挙が『最終決定権』にあたると言えるのです」

国中の有権者の投票によって決まるアメリカ大統領と違い、日本の総理大臣は、日本国民の直接選挙によって決めることはできない。政権党の議員の中から、議員による選挙で選ぶ「議院内閣制」だからだ。しかし、その総理大臣を選ぶのは、国政選挙で私たちが選んだ、「私たちの代表」である議員だ。

総理大臣をトップに、政権を担う内閣には、日本の「あり方」を変えるほどの権力がある。けれど、「政権党にするか、しないか」の決定は、私たち有権者の1票が決めるということだ。

§平和は「自分らしく」生きる「素」

私たちの人権は、憲法によって何重にも守られていた。それは国民の自由が、脅かされるようなことがないようにするためだ。

中馬「人の自由が奪われる1番大きな原因って何だと思いますか?」
金井「うーん。拉致監禁とかですか?」
中馬「命を奪われることです」
金井「あっ……確かに。死んだら、すべての自由がなくなってしまいますものね」
中馬「命がなかったら、自由も主権もない。だから、国民が命の危険にさらされるようなことを少しでも減らすために、『平和であること』が、『基本的人権の尊重』『国民主権』の土台でもあるんです」

3大原理は、たまたま良さそうな3つを選んだわけではなく、それぞれが密接に関係しあっていた。「自由」のベースには、「平和であること」が約束されていないとならない。ソマリアやパレスチナなど、テレビに映る紛争地帯の人々の姿を思い浮かべれば、平和と自由が切り離すことができないものだとわかる。
だからこそ日本は、70年近く非戦・不戦の平和主義を貫いてきたのだ。
中馬「誰もが人権を守られて暮らせるように、日本国憲法には、私たちのさまざまな自由や権利が書いてあります。どんな自由や権利があるか調べてみてください」
金井「六法全書なんて、この連載がなかったら、開くことなんてなかったですね。だって、この厚さ！実は今まで、この厚さ4・2センチの中身全部が、日本国憲法だと思っていたんですよね……。そしたら、なんと憲法はたった9ページ。これなら、もっと早く読んでみればよかったです～」

§昔の日本は女性に優しくない！

日本国憲法に書いてある、主な自由や権利を、ふつうの言葉であげてみる。

心の中で、何を思っても（19条・思想及び良心の自由）、どんな宗教を信じてもよく（20条・信教の自由）、みんなで集まって話し合ったり（21条・集会・結社の自由）、それをTwitterやブログに書いたり、言ったりするのも自由（同・表現の自由）。

友達とのラインやケータイを盗聴されることはなく（同・通信の秘密）、どんな勉強や研究をするのも自由（23条・学問の自由）。

家柄や性別を理由に、やりたい仕事に就くことを妨げられたりせず（22条・職業選択の自由）、災害や危険などの制限がない限り、どこにでも住むことができる（22条・居住・移転の自由）。

ふつうに清潔で、雨風がしのげる家と、寒さ暑さに対応できるくらいの着るものと、ひもじくない程度の食べものがある生活は誰でもできる権利があり（25条・健康で文化的な最低限度の生活の保障）、教育を受ける権利（26条）、働く人たちが集まって、会社などに意見を言う権利（28条・団結権、団体交渉権）もある。

奴隷のように扱われたり、心や身体にやたらと苦しい労働には就かなくてよく（18条・奴隷・苦役の禁止）、現行犯でない限り、令状がないまま逮捕されないし（33条）、家に入ってこられたりすることもない（35条）。

逮捕されても、拷問されることはなく（36条）、公正な裁判を受けるなどの権利（37条）もある。

この法律は変えたい、この公務員をなんとかして！などを願い出る権利（16条・請願権）や、選挙で投票できる権利（15条・選挙権）、選挙に出て、国会議員になる権利（44条・被選挙権）などなど、さまざまな自由や権利が、憲法には書かれていた。

こんなに守られていたのか、と改めて思う。

１９４７年に今の憲法ができるまで、日本には男女平等という考え方すらなかった。女性には選挙権も、財産権もなく、成人女性であっても、父親の承諾なしに結婚することはできなかった。大日本帝国憲法の時代に生まれなくてよかったと、つくづく思う。

今の憲法には「両性の平等」（24条）があるので、憲法に書かれているすべての権利や自由は、女性にも等しく保障されている。

男女差別だけではなく、人種、信条、社会的身分などすべての差別はしてはならない（14条）とも書かれている。

§国民を縛る法律は、「国民の代表」が作る

中馬「ずいぶん自由や権利の規定が多いでしょう？」

金井「そうですね」

中馬「なぜだかわかりますか？」

金井「さっき知りました。憲法は、国家権力をしばるもので、国民が、権力者に守らせる決まりだから！　私のこんな自由やこんな権利を侵さないで、守ってよと具体的に書き出して、政府に約束させ、弱い私たち1人ひとりを守るためのものが憲法だから」

中馬「そうです。では、それに対して『法律』はどんなものですか？」

金井「私の今までのイメージは、憲法が親分で、法律がその子分のようなもの、というものでした。憲法の決まりを、さらに細かい決まりにしているのではないかと……」
中馬「では、法律を守らなくてはならないのは誰だと思います？」

またしても、「守るほう」と「守らせるほう」問題だ。
この前、駐車違反をやってしまった。コインパーキングに払う小銭がなく、両替がてら買い物に出た一瞬だった。が、これも立派な道路交通法違反。イタかったー。
それは、国民である私が、守らなければならない法律を破ったから課せられた反則金だ。ということは――。

金井「法律を守らなくてはならないのは、私たち、国民……です」
中馬「そうです。国会議員または内閣が、法律の案を国会に出し、議会の多数の賛成が得られれば法律ができます。その法律は、すべての国民が守らなければならないものになります」
金井「そうか。私たちの代表である国会議員だけが、国民の自由をしばる法律を作ることができるという理屈なんですね」
中馬「そういうことです。憲法は権力者をしばるもの。法律は国民同士が、お互いに住みやすい社会を作るために、国民をしばるもの。でも、どの法律も最高法規である憲法に準じてつくらなければなりません。だから、権力者にとって、都合のいい法律ばかりをつくることはできないということです。憲法98条には、憲法に反する法律、命令は効力を持たないと書かれています。たとえ国会で多数決で決まった法律であっても、憲法の定めた国民の権利を侵すものなら、無効になるということです。ということは、もし憲法が変われば、私たちをしばる法律なども変わるということです」

金井「憲法が変わると、私たちをしばる法律も変わるんですか?」

中馬「そうですね。だから憲法を変えるということは大変なことなんですよ」

憲法と法律がそれぞれしばるもの、そして関連性が見えてきた。

ん?

そう言えば、憲法を「変える! 変える!」と目立って騒いでいるのは、総理大臣とか与党の国会議員……権力側にいる人たちが先頭に立っているような気がする。

国民が権力者をしばっているはずの縄を、しばられている当人たちが変えようとするのって、なんかおかしいいんじゃない?

日本国憲法99条には、権力者や公務員(国会議員も)は日本国憲法を尊重し、守らなくてはならない

（憲法尊重擁護義務）と書いてあるのに。

何のために変えたいのか？　変えるとどうなるのか？　変えて得をするのは国民？　それとも権力者？　憲法のＡＢＣから、「憲法改正」問題へ。長年の不勉強を埋めるべく、急ピッチで進んでいくことになる。

Lesson 2

70年経っても、「最先端」のパワー

§埋められた「外堀」

密かに「主筆室特訓」と呼んでいる晩夏のあの日から2カ月。もうすぐ「憲法をお茶の間に　中馬清福さんに聞く」の連載が始まる。けれど、私の憲法への理解は、中馬さんに聞けるレベルには程遠く、相変わらず小学生と先生のようだった。的確な質問は、ある程度の理解がなければ出てこないのだと実感する。でも、連載開始の延期はしたくない。いつ、どこから横やりが入らないとも限らないテーマだから。

今さら不勉強を悔やんでも始まらない。うーん、困った。そして閃いた！　そうだ、講演会へ行こう！講演を聞くだけなら、私はしゃべらなくていい！

中馬さんは、信毎の主筆として月2回の「考」を書かれるほか、県内各地での講演も引き受けていた。南北に220キロと広大な長野県をまさに東へ西へ、南へ北へ。数人の集いから何百人もの会合まで、大小さまざまな講演を、多い時には月に3回もなさっている。

私の「中馬さんの追っかけ」が始まった。最初に行ったのは塩尻市の市民有志が企画した『再発見！日本国憲法　日本国憲法九条を世界の常識へ』。

私にピッタリな演題。でも、私には再発見ではなく、新発見なのだけど。

会場には60代以上の方々が目立った。無理もない。ウィークデーの18時半に来られるサラリーマンやOLはなかなかいないし、お母さんにとっては、夕食作りや習い事の送り迎えに人忙しな時間帯だ。けれど、理由はそれだけとも思えない。

講演は90分の予定。中馬さんは立ったまま話し続けている。合間にお水を飲むこともない。

「改憲か、護憲かの議論は続いているのに、改憲派はこの数年で3つの外堀を埋めてきた」と語った。今の憲法を改めたい人たちを「改憲派」。護りたい人たちを「護憲派」というのだ。

中馬さんのいう外堀とは①憲法を語りにくい雰囲気を作り、そういう集会に公共施設を貸さないといった現象に繋げている。②個人を大事にする理念に基づき、日本国憲法とも密接に結び付いた教育基本法を改正（2006年）した。これは、家長制度を復活し、家庭内に「天皇制の小型版」を作りたいという目論見によるものらしい。③憲法改正のための国民投票法（2007年）を成立させた――。ということのようだ。

参加者の多くは熱心にうなずきながら聞いている。でも私は、出てくる用語を聞き取るのも一苦労だ。「カチョーって、課長？」「天皇制を小型にするって、どういうこと？」。アタマの中が「？」で埋まっていく……。消化しきれないまま90分が終わった。

中馬さんが塩尻から長野まで帰られる特急しなのは、1時間に1本しかない。お疲れなのにお気の毒だけど、私にとってはラッキー。電車を待つ間、がらんとした駅の待合室は「補習室」と化した。

金井「すみません、どうしてこれが『外堀を埋めた』ことになるんですか?」

中馬「改憲派は、日本とアメリカは軍事的に連携して、世界のもめ事に自衛隊を使って対処しなくてはならないと信じているんですよ。そのためにはまずは9条の改正をしなければならない。国民が憲法に興味を持って、議論が盛んになるのはよろしくないわけです。改憲論が盛んになることを望むより、護憲論が盛り上がることを封じ込めたいということのほうが強いのでしょう」

金井「だから、①憲法を語りにくい雰囲気づくりなわけですね」

中馬「そうです。例えばイベントのチラシなどに、『憲法』の文字があるだけで、地方自治体や教育委員会の後援は取りにくいと聞きますし、商店でもそういうチラシを置いてくれるところはごく少数だそうですね」

§「親の介護」と改憲のビミョーなつながり

中馬「自衛隊を、アメリカと一緒に海外に派兵するとなれば、軍事費がたくさん必要になります。軍事費に沢山回したい。そのためには、国民には医療費、年金、補助金などを国に頼らず、自己責任でやってもらう。これからは高齢化がますます進みますから、介護は大きな問題ですし、お金もかかる。年老いた親たちを介護するのも、福祉は頼らずに、それぞれの家庭でやってほしい。奥さんが、夫の親の介護をし、子どもたちはそれを手伝うことが当たり前、という世の中にしたいわけです」

金井「ひぇ〜。『看てあげたい』という自分の意思ではなく、強制されたり、仕向けられたりしたら、反発しちゃいますね。だいたい核家族で、家にお年寄りがいない生活しか知らない人のほうが多いのに、突然、家で介護なんてことになったら、妻がメンタルをやられ、かえって医療費がかさむことになったりしないんでしょうかね」

自宅で妻が親を介護する。それを推し進めようとしているのは、自分は介護をせず、する場合も、外注する資金が十分にある国会議員なのが腹立たしい。

中馬「『伝統的な家族意識を大切に』などという調子のいい言葉の陰で、女性や子どもの自由や権利が奪われていくことには、お構いなしなのですね」

カチョーは「家長」のことだった。「家長制度」なんて死語だと思っていたが、自分たちはなんの自由も権利も失わないので、いまだにそれを復活させたいオジサンたちがいるようだ。

金井「だから、②家長制度を復活し、家庭内に『天皇制の小型版』を作りたい。家長、多くの場合は父親が、家族を支配する仕組みに戻りたいってことですか。妻は、『オレの親の介護はお前がやれ』と夫に命令されるんですか？　腹が立つなぁ」

中馬「その上、国連安全保障理事会の常任理事国にもなりたいと言っている。そのためにも巨費がいるから、多くの税金を払っている企業や人を優遇しましょうというのが、今の政府の考えですね」

金井「なんか、庶民にはいいことないですね」

日本国憲法は国家権力をしばり、個人を最大限に尊重できる社会をつくることで、「あなたや私の幸せの追求を実現させるためのもの」だと学んだのに、なんだかおかしい。

中馬「でもまだ、外堀を掘り起こすことはできますよ。まずは何より憲法を語ること。この前勉強したような、自分らしい生活をするためのさまざまな権利が、自分にはあるのだと知ることです。そして自分自身の視点から憲法を考えることです。金井さんが、自分の子どもを、夫を戦場に送りたくないという出発点から、憲法に関心を持ったようにね。

そして、削除されてしまった、旧教育基本法の『個人の尊厳』などの精神の大切さを、いま一度、深く考えてみることではないでしょうかね」

金井「なるほど。今まで、子育ての中で、『個人の尊厳』なんて、気にしたこともありませんでした。でも『家長制度の復活とどっちがいいの？』と迫られれば、こりゃ大変だ！　個人の尊厳を守らなきゃと思いますね」

§そして、連載は始まった

この程度の理解のまま、連載は2008年11月15日にスタートした。1シリーズで5回をひとつのまとまりにし、1シリーズ終えると、次は3カ月後というスタイル。これには理由があった。中馬さんがお忙しいということももちろんだが、3カ月あれば、その間に私が勉強したり、次のシリーズの予習をしたりがなんとかできそうだと思ったからだ。

そして忙しいママたちが、5回分を切り抜いておいて、3カ月の間に読んでほしい。そんな願いもあった。

第1回タイトルは「憲法改正発議　迫る『1年半後』　改憲と護憲、話し合おう」。講演を聞いて、私が要約したり、その中に出てくる疑問を掘り下げたりという形で5回書いた。

時間があれば、講演後に「補習」してくださることもあった。私の惨状を見るに見かねてくださったのだろう。ありがたい。が、申し訳なさに胃が痛む。連載と連載の合間には主筆室特訓も続いた。

中馬「日本は、法律に基づいて国を治める法治国家ですね。法律や政令や規則の大きなピラミッドがあり、その頂点に憲法があります。なぜだかわかりますか？」

金井「えーと……憲法は、権力者の横暴から、私たちの人権を守るものです。だから、それに照らして法律をつくるようにしないと、私たちの自由や権利を奪うような法律もできてしまうかもしれないから……」

一部の政治家たちが、「改憲、改憲」と息巻いている。彼らによると、いまの日本の良くない面は、全部アメリカに押しつけられた憲法のせいで、憲法（特に9条）を変えれば誇りある「美しい日本」になれる……らしいのだけど。

「変える」か「変えない」かを考える時、判断の基準にすべきは「変えるとどうなるか」。大事なのは想像力だ。

金井「憲法が変わると、私たちの生活をしばる法律なども変わる。ということは、法律に従って回っている今の暮らしが変わる、ということですよね。その憲法がしょっちゅう変わったら、国民の暮らしが混乱してしまうんじゃないでしょうか」

中馬「そうですね。法体系だけではなく、国民の権利や義務、外交や安全保障など、国のあり方、国の根幹を変えることにもつながりかねません。

だから、憲法は一般の法律や条例とは違い、変えにくくなっています。これも、私たちの人権を守るために何重にも備えられたガードのひとつです。こんなふうに、改正のハードルが高い憲法を『硬性憲法』と呼びます」

憲法改正の手順については、憲法96条に定められている。ざっくり要約すると、

①「こんな憲法に変えましょう」という改正案が国会議員から国会に提出される。

②国会で議論する。衆参両院で、総議員の3分の2以上の賛成が得られたら、これを改正案として国会が発議し、「国民投票」で、国民に「賛成か、反対か」を問うことができるようになる。

③国民投票で、有効投票総数の過半数の「賛成」を得られれば改正することになる。

④改正された憲法を天皇が「国民の名で」公布する。

中馬「②をよく見てください。私たち有権者が国民投票で賛否を表明できるのは『国会が議決した改憲案』についてだけです。私たちが理想の憲法を好きなように考えて、改正案を作れるわけで

はないんですよ。だから、国会が発議する改正案の中身が大事なのです」

国会議員には、大事な改正案の中身をよくよく話し合ってもらわなくてはならないし、慎重に賛否を表明してもらいたい。一般の法律よりもさらに厳しい「3分の2以上」という数字には、そんな思いが込められていたのだ。

国政選挙で議席の過半数を占め、政権を担っている党であっても、好き勝手に憲法を変えたりできないようにするためでもある。少数派の野党の議員も含めて、しっかり納得させられる改正案でなければ、国民投票に進めないということだ。

仮に、憲法が、他の法律と同じくらい変えやすくなってしまったらどうなるのだろう？　不安顔の私に、中馬さんが追い打ちをかけるように言った。

中馬「保守派の中で主流の改憲論議のターゲットは、戦争放棄を定めた9条と言われていますが、改憲の発議が可能になれば、変えられるおそれがあるのは9条だけではありませんよ」

§まず疑う――これが権力を見る視点

金井「憲法を変えたい政治家は、『70年も変わっていない憲法なんて日本だけだ！　そんな古いものじゃ、今の日本に合わない。改憲して憲法を国民の手に取り戻せ！』とか言っていますよね」

中馬「大変残念なことですが、すべての国会議員が、憲法の本質をきちんと理解していると思わないでください。理解していてもあえて、していないふりをして、自分たちがやりたいことを押し通そうという人もいます。まずは『疑う』。これが権力を見る時の視点です。そもそも憲法は、何をしばるものでしたか？」

金井「権力者です」

中馬「そうです。しばられる側にしてみれば、自分たちをしばっている縄を、自分たちが動きやすいように変えたいでしょう。自分たちの好きなように、やりやすいように、国民に言うことを聞かせたいと思うかもしれません」

中馬さんは力を込めた。それでは、権力をしばるはずの憲法が、国民の手ではなく、権力者の手にわたってしまう。

中馬「だからこそ近代国家では、安易に変えにくい『硬性憲法』がほとんどなのです。時の権力者が勝手に変えることができないように」

金井「そうなんですね〜。なんとなく『日本だけが変えにくい』みたいに言われると、『えっ、そうなの？』って思っちゃいがちですよね。私もそうでしたが、『権力者をしばるための縄が、権力者に奪われるかもしれない危機的な状況』になっている、そこに気づいていない人が大半な気がします。……これって、マズくないのでしょうか？」


中馬さんの答えを待つまでもない、マズイに決まってる！

この会話から3年余の2012年4月、自民党は日本国憲法改正草案を発表した。その内容は、想像以上に復古的で、いまの憲法の3大原理の「平和主義」だけではなく、「基本的人権の尊重」にかかわること、「国民主権」にかかわることも、改正しようとしている。

同じ年の12月には安倍総理が、改憲手続きを定めた96条を、まっ先に緩める方向で改めると言ったこともあった。これは『憲法改正の裏口入学だ』と多くの専門家や国民の批判が噴出して、引っ込めざるを得なくなったが。

§変える必要がなかっただけ

金井「なぜ改憲派の人たちは憲法を変えたいんでしょう？　いまの憲法の何がそんなに不満なんでしょうか？」

中馬「自民党という政党は、党の綱領にも『現行憲法の自主的改正』を掲げています。自民党にとっての基本方針が『自主憲法制定』『憲法改正』ということなんです」

金井「そんなの、党の理屈ですよね。国民には関係ないしって感じなんですが」

憲法についての世論調査などをみると、改憲に賛成の人が挙げる理由として、「制定以来、一度も改正されていない」「時代に合っていない」「アメリカに押つけられた」などがあがる。

一度も改正されていないのは良くないことなんだろうか？　押しつけられたとはどういうことなんだろう？

中馬「例えば、結婚して50年になる夫婦がいたとします。50年間離婚しなかった理由はなんだと思いますか？」

金井「熱烈に愛し合っていた。または、離婚になってしまうような、大きな衝突や不満がなかったから、じゃないでしょうか」

中馬「そうですよね。50年間に小さなケンカはあったとしても、離婚しなくてはならないほどの大きな意見の違いや問題がなかったからでしょう。日本国憲法が一度も改正されていないのも、変えなくてはならないほどの大きな問題がなく、国民から不満が出て来なかったからではないでしょうか」

確かに！「この条文のせいで困っている」なんて話は国民からは聞いたことがない。特に不満がないのに「変えなければいけないもの」ではないのだ。必要なら「変えることができる」というだけで。

金井「でも改憲派の人たちは、『憲法改正をアメリカは6回、韓国が9回、フランスは27回、ドイツは60回もやっている』とか『日本国憲法は世界的に見ても、改正しにくい』と言っていますよね。日本の憲法だけが特に変えにくいのでしょうか？」

中馬「そんなことはありませんよ。アメリカは『連邦議会の上下両院で出席議員の3分の2以上の賛成で発議。4分の3以上の州議会の賛成で改正』。ドイツは『両院で総数の3分の2以上の賛成で改正』。フランスは『両院で有効投票の過半数の議決、国民投票の過半数の同意か、両院合同で5分の3以上の賛成で改正』。さらにドイツやフランスには改正手続きを経ても改正できない、『改正限界』というものもあります」

金井「改正ゲンカイ？」

中馬「改正できる範囲には限界、制限がある。つまり改正できない部分を決めているということです。例えばドイツの憲法にあたる連邦共和国基本法79条3項には『第1条及び第20条にうたわれている基本原則に抵触することは許されない』と規定しています。1条の人権の基本原則、20条の統治の基本原則、すなわち、国民主権、共和制、連邦制、法治主義は、どんなに多数の賛成でも改憲不可能であるとされています」

金井「そうなんだ！　改憲の手続きの中にも『絶対に変えられない原則』が組み込まれているということですね。フランスの27回、ドイツの60回とかは、そういう歯止めがあっての改正なんですね。でも自民党は、ドイツやフランスのそういう条件のことは言ってませんよね」

中馬「権力側の言うことは……」

金井「まず疑う！　そうでした」

§時代で変わるべきもの、変わってはいけないもの

中馬「次に『時代に合っていないから変えるべきだ』という主張を考えてみましょう。まずは復習。憲法は何のために、何をしばり、何を守るものでしたか？」

金井「はい！　私たち国民の人権を守るために、権力者をしばり、弱い私たちを守るためのものです」

中馬「正解。そして基本的人権とは『人が生まれながらに持っている権利』でした。その基本的人権を、『永久の権利』として保障している憲法を持つ日本で、たとえば今日、生まれた赤ちゃん

の人権と、憲法と同じ年に生まれた68歳のおじいさんの人権は、違うと思いますか？」

金井「……思いません」

中馬「なぜですか？」

金井「今日でも、68年前でも、『人として生まれている』ことに違いはないのだから、『生まれながらに持っている権利』も同じだと思います」

中馬「そうです。日本国憲法では、人権は『永久に』変わることのない権利だとされました。だから、0歳でも68歳でも、同じ人権を持っています。とすれば、68年前といまでは時代が違うからといって、基本的人権のほうを変えるのは、本末転倒ですよね。憲法は、一般の法律のように『時代に合う、合わない』で論じるものではないと思います。法律は、時代の要請に従って、社会がうまく回るように変えていってもいい。でも、憲法はそれらの法律が私たちの『幸福追求』に役立つものか、国民の人権を保障しているか、主権を脅かしていないか、平和主義に反していないかなどをジャッジし、国の目指す方向を指し示す基軸なんです。

それが時代によってコロコロ変わるようなことがあっては、日本は時代によって、向かう方向が違う、不安定な国になってしまいます」

金井「そうですね。でも、自民党や公明党は、『環境権』や『知る権利』のような新しい権利が出てきたので、それを書き込む必要があるって言っていますよね……」

中馬「もし本当に、国民に良い環境を与えたいということなら、現在の憲法の中に、当てはまるものがいくらでもあります。憲法は、とても懐深く作られているんです。環境権なら、13条の『幸福追求権』や25条の『健康で文化的な最低限度の生活』の中に、『良い環境のもとで生きる権利』を読み込み、それに準じた法律を作れば済むことです」

§憲法はとても懐が深い

「読み込む」とはどういうことか——。

憲法の条文の中に「環境」という言葉がなくても、憲法が「環境権はいらない」と言っているわけではない。例えば25条に書かれている「健康で文化的な最低限度の生活」には、公害で病気になったりしないような環境の保障も含まれる—というように、根拠づけとなる条文を見つけられればいいのだ。

憲法の条文は抽象的な言葉で書かれている。それは、時代によって変化する暮らし方や、新しく起こる事態にも幅広く応用できる「基本理念」として書かれているためだ。

例えば、プライバシー権は憲法の条文には書かれてはいないが、プライバシーが脅かされては個人の幸福も実現しないので、13条の『個人として尊重されることや、生命、自由及び幸福追求に対する国民の権利』の中に読み込めるという。

「知る権利」も、自分の考えをまとめ、発表するためには、それに足りる情報を得る必要がある。だから「『表現の自由』(21条)の中に、国民の知る権利も読み込める」と最高裁判所も認めているそうだ。憲法に書かれた基本理念に従って、新しい事態に適応し、国民の持つ権利をさらに充実させていくことは、憲法を活用していくことだ。

けれど、条文にも書かれていなければ、当初の理念とも180度違う意味を条文に与えて「解釈」し、政府がやりたいことを可能にしようとしてしまう、いわゆる「解釈改憲」とは全く別のものなのだ。「戦争放棄」の国なのに、「地球の裏側まで、アメリカ軍の戦争について行く」ことを数の力で押し通すのとは、次元が違うのだ。

2012年5月3日。朝日新聞にある記事が載った。

アメリカのワシントン大学、バージニア大学の教授らが、文章の形で示されている世界のすべての憲法、188カ国分を分析した結果を報じたものだ。

両大学の研究者は、日本国憲法は『今、世界で主流になった人権の19項目をすべて満たす先進ぶり。65年も前(2012年当時)に、画期的な人権の先取りをした』と分析している。

その人権の19項目とは——。

信教の自由、報道・表現の自由、平等の保障、私有財産権、プライバシー権、不当逮捕・拘束の禁止、集会の権利、団結権、女性の権利、移動の自由、裁判を受ける権利、拷問の禁止、投票権、労働権、教育の権利、違憲立法審査権、遡及処罰の禁止、身体的権利、生活権。

結果、両大学の研究者は『日本国憲法は、今も最先端』と絶賛している。「70年も前のものだから、時代に合っていない」なんてことは、憲法をきちんと勉強した人の口からは、絶対に出てこない言葉のようだ。

§国民投票法にも問題アリ！

改憲の手続き法として2007年に制定され、18歳からの投票も盛り込んでいる『国民投票法』にも、問題点や不明確なことが多い。この章の始めのほうに出てきた『外堀の③』だ。

中馬「たとえば、発議から国民投票が行われる日までが『60日以後180日以内』とされました。主権者である私たちが、改正案の内容を知り、多くの人と議論したり、講演会などに行ったりしてじっくり考えるには、とても十分とは言えません。さらに、『最低投票率の規定がない』のです。近年の選挙での投票率はほとんど50％台。世代別にみれば20代などでは30％台のこともよくあります。この数字がそのまま憲法改正のための国民投票の投票率になった場合、有権者の4人に1人強が賛成しただけででも、憲法を改正できることになってしまいます」

最低投票率を決めていないということは、とても問題だ。20代の7割の意志が反映されていない憲法になってしまうかもしれない。

25歳まで投票に行かなかった私が言えた義理ではないけれど、投票に行かなかった人も、改正された憲法によって権利の範囲が左右されるし、「憲法改正に伴って、改正される法律」にはしばられる。「投票してないのだから、私は関係ない」とは言えないのだ。もし投票を放棄するなら、そこまで考えてからにしてほしい。だって、改正された憲法のもとで、1番長く生きて行くことになるのは20代以下の若者なんだもの。

そして国は、いまは投票所に行っていない70％の若者たちが関心を持ち、投票に参加するような仕掛けを考える義務があると思う。いまのままでは、「投票率が低い方が好都合なワケ？」と、少なくとも私は思っている。

中馬「もう1つ問題なのは、『賛成』『反対』が1項目ごとに問われるのではなく、『関連する項目ごとに』行われることです。

誰が、どんな基準で『関連する』と判断するのか。その厳格な基準もないのです。極端に言えば『9条の改正とプライバシー権、環境権の新設』をまとめて、『賛成？　反対？』と問われる事もあり得るのです」

なんとアバウトな……。私は、プライバシー権も環境権も、今の憲法で十分に「読み込める」と知ったので、危険を冒してまで憲法改正の必要はないと思う。でもそのことを知らない人なら、「環境権」という良さそうな響きから「あったほうがいいかも」と思ってしまうのではないだろうか。

§「押しつけ憲法」は本当か？

中馬「最後に、改憲論で必ず出てくる『占領下でアメリカに押しつけられた憲法だから変えるべき』という意見について考えて行きましょう。

現在の憲法になる前の、大日本帝国憲法では主権者は誰でしたか？」

金井「……あっ、天皇です」

中馬「正解。国民に主権はなく、『臣民』、つまり天皇に臣として仕えるものという立場でした」

金井「ちょっとだけ、社会の授業の残像が甦ってきたような……確か、国民の権利も、天皇から『恩恵』として与えられたもの……でしたよね」

中馬「そうです。だから『法律の範囲内において』という制限つきでした。議会もあるにはありましたが、あくまでも『天皇の統治を支えるもの』という位置づけで、天皇に強大な権力が集中していたんです。

ですから、戦後、新しい憲法を作らなければならなくなった時にも、日本人は、民主主義という考え方の理解が全然足りませんでした。敗戦直後の総理大臣やおもだった政治家たちも同じで、GHQ（連合国軍総司令部）から起草を命じられて、日本政府が作った憲法草案（松本烝治国務相案）は、大日本帝国憲法を少し変えただけでした。これでは民主主義国家の憲法にはほど遠いとして、GHQのマッカーサー最高司令官にダメ出しされてしまいます」

金井「えっ、日本政府は、新しい憲法の草案を出していたんですか？」

中馬「はい。ポツダム宣言を受け入れて、無条件降伏した日本は、『言論、宗教、思想の自由、基本的人権の尊重の確立』など、民主主義に基づいた国づくりを進めることを約束させられていました。だから、そのための憲法を作る必要があった。

けれど、軍国主義や天皇主権の考え方で凝り固まっていた政府の人たちは、自分たちで民主主義的な憲法を作れなかったんです」

私は、GHQがいきなり草案を持ってきて、「はい、これを日本語に訳しなさい」と押しつけたのかと思っていた。

日本政府が出した草案では合格点を取れず、しびれを切らしたGHQから「民主主義的憲法の模範解答」を示されたということだったのだ。

§日本人の声も反映された新憲法

中馬「それにGHQが示した草案のベースには、日本人の研究者グループが作った草案があったと言われています。日本を占領統治したGHQが、『自由の指令』を出し、政府に批判的な言論を押さえつけてきた治安維持法などをなくしたので、自由な言論が復活しました。政党も復活し、各党は競って憲法草案をつくり、民間の研究者からも草案が公表されました」
金井「戦争中は言えなかったことが、ようやく言えるようになったのですね」
中馬「はい。政府案に失望したGHQは、こうした民間の草案を検討する作業を始めます。特に注目したのが『憲法研究会』が作ったものでした。戦時中は投獄されていた学者やジャーナリストが主なメンバーで、『象徴天皇制』や『国民主権』ばかりか、『男女平等』『言論の自由』などの基本的人権や平和思想が盛り込まれたものでした」

金井「今の憲法の中身とほとんど同じですね」

中馬「ええ。ＧＨＱの草案作成で中心的役割を果たしたのはマイロ・Ｅ・ラウエルという民政局法規課長でした。その人が『１９４５年の12月から、憲法研究会と極秘に連絡を取ってきた』という記録や、『その内容に詳細な検討を加えた文書を参謀長に提出した』という記録は国立国会図書館のホームページで見ることができます。

彼は後年、インタビューで『この民間案を少し修正すれば、マッカーサー最高司令官が満足する憲法ができると、私たちは安心した』『私は確かにこれを使いました』と答えています。憲法研究会の草案は、１９４５年12月28日の朝日新聞と毎日新聞にも掲載され、国民が知るところとなります。これも国立国会図書館にマイクロフィルムで保管されています。

ＧＨＱの起草メンバーの責任者だったチャールズ・Ｌ・ケーディス元大佐は93年5月1日の朝日新聞で、『憲法研究会の草案が、ＧＨＱ草案を起草する上で役に立った』と答えています」

改憲派の人たちは『たった8日間でアメリカが作って、押しつけた』と、言っている。でも、なんか、違うらしい。

中馬「金井さん、今の憲法の25条はわかりますか？」

金井「うーん……調べます。少々お待ちを……生存権です。『すべて国民は健康で文化的な最低限度の生活を営む権利を有する』」

中馬「これは、憲法研究会のメンバーだった森戸辰男という経済学者が、戦後初の衆議院議員選挙で当選して議員となり、憲法に関わる審議の中で提案し、採用されたものです。そして、『戦争の放棄を日本人が自ら積極的に宣言するようにしたい』という意見も日本の議員から出され、多くの賛同を得て、草案に追加されました」

金井「戦争放棄の積極的な表現ってどの部分ですか？」

中馬「9条の1項です。ただ『戦争はしない』『軍備はすべて捨てる』とするのではなく、なぜ、そうするのかという意味、目的を入れました」

金井「9条1項……これですか？　『日本国民は、正義と秩序を基調とする国際平和を誠実に希求し』」

中馬「そうです」

金井「まぁ！　ビックリです。改憲派が目のカタキにしている9条の、魂というか、芯の部分は日本人からの発案だったんですね！　そして、戦争が終わって、ようやく自由にものを言えるようになった日本国民が、アイデアを出し合って、選挙で選んだ議員によって、しっかりと話し合いを重ねたんですね」

中馬「そうです。新憲法法案は、衆議院、貴族院合わせて100日間審議し、圧倒的多数で可決、承認されています。これを『押しつけ』で切り捨てるのは当時の議会にも失礼です。もちろん、新憲法の中身についてＧＨＱの指示があったことは事実ですが、大事なのは、新しい憲法の中身です」

新憲法施行の翌日、１９４７年５月４日の新聞を国会図書館で読んだ。紙面を見る限り、新憲法の中身の評判はとてもよいものだった。

特に戦争放棄の９条は『あらゆる層から熱烈に歓迎された』という内容が各紙に載っている。同じ日の信毎の夕刊には『一番嬉しいことは戦争の放棄ということです』『人民の手による、人民のための、人民の政治』という題が付けられた小学６年生のインタビューも載っている。子どもたちまでが、戦争と軍国主義によって、長い間どれほどつらい目に遭ってきたかがよくわかる。

§人々が待ち望んだ「平和な国」

ＧＨＱ草案のうち、女性の権利に関する24条を起草したベアテ・シロタ・ゴードンさんは当時22歳。５歳から15歳までを日本で過ごし、当時の日本女性の地位の低さを肌で感じていたと、自伝『１９４５年のクリスマス』にあった。

松本草案は、軍国主義が抜けきらない男性だけで作られた。だから、国民主権も、女性の選挙権や財産権も、自分で選んだ人と結婚する権利も、戦争放棄もなかった。そんな憲法にならなくて、よかったと日本女性のひとりとして、心から思う。

1945年10月11日、マッカーサー最高司令官が「婦人解放と参政権の付与」という指令を出したので、新憲法法案の審議には、選挙で当選した初の女性議員39人（全議員の8・4％）も加わり、「女性の権利」も書かれた新憲法が承認されたのだ。

中馬「1931年の満州事変から1945年の敗戦まで、15年間にも及んだ戦争で、日本国民は大切な人たちや家を、将来の夢や希望を失い、傷つき、疲れ果てていました。そんな国民が、まずどんな国にしたいと望んだと思いますか?」

金井「……何よりも、まず平和で安心して暮らせる国……だと思います。だから、9条は熱烈に歓迎されたんでしょうね」

第二次世界大戦では、松本市の人口の13倍に匹敵する310万人の国民を失い、その6・6倍の2000万人もの他国の人を殺した。

運良く帰還しても、身体や心の健康を失った人もたくさんいた。戦地ではない場所でも、反戦を語っただけで、殴られ、密告され、獄中で亡くなった人もいた。夫が戦死し、幼子を抱えた「地位の低い」妻たちが、その後、どんな生活を送らなければならなかったか……。想像に余りある。

日本国憲法は、それらの反省からできたものなのだ。天皇の名のもとに、権力が再び暴走することがないように国民を主権者にし、権力を分散させ、戦争は二度としないと自国民と他国に向けて誓い、そして何よりも、人間が、人間らしく生きる権利を守るものとなった。

私はこれまで、「9条が変わるのはいやだから、私は護憲派なのかな」とぼんやりと思ってきた。でも、今は違う。日本だけではなく、世界の人々の平和と幸せも考え、私たちに欠かせない人権を満たし、70年経っても、いまだに最先端なこの憲法が、私は好きなのだ。

Lesson 3

戦争していた日本へ——「大日本帝国憲法」ツアー

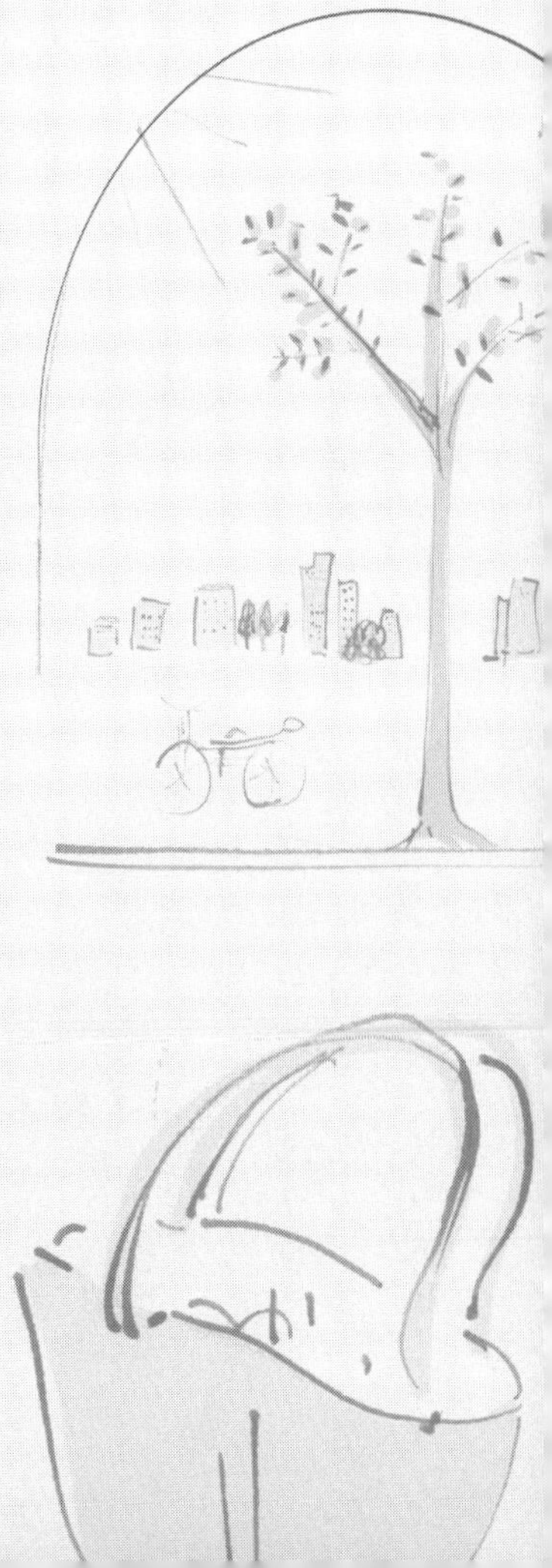

§日本の戦争の「現場」に飛び込んだ

大日本帝国憲法の下で、「戦争のできる国」だった1945年8月15日までの日本は、どんな国だったのだろう……戦争ってどんなだったのだろう……。頭から離れなくなっていた。

中馬「現場を見ていらっしゃい。特攻隊の基地があった知覧、住民までも巻き込んだ地上戦の地、沖縄。まずは、この2カ所を取材すれば、『戦争』や『戦争ができた日本』の姿がわかるはずです」

えっ……。そう簡単に言われても。第一線の記者として世界中を飛び回ってきた中馬さんとは違うのだ。なんせ、こちらはミーハーライター出身。グルメレポートならスキップで行くんだけど。どこを、どう取材すればいいんだろう。師匠の下を離れ、武者修行に出るような気分……。その上、極度の方向オンチでもある。

知覧って……どこ？

鹿児島県南九州市知覧町郡。ここに、知覧特攻平和会館はある。松本からは中部国際空港か羽田空港まで出てから飛行機だが、どちらも前泊しないと無理なため、東京の実家に泊まり、羽田からにした。

鹿児島空港までは1時間35分のフライト。そこからバスと徒歩で1時間半……乗り換え、待ち時間、上京までの時間も入れると7時間半以上……遠い。そのうえ、自腹……。

だがしかし、見ないことには始まらない！　私は知覧特攻平和会館へ向かった。

そこには、太平洋戦争末期の沖縄決戦で、飛行機に爆弾を積み、敵の軍艦に体当たりして破壊することが任務だった「陸軍特別攻撃隊員」１０３６人の遺影、最期の手紙、戦闘機などが展示されている。隊員は10代後半~20代の幼さすら残る若者だ。

笑顔……。遺影はほとんどが笑顔なのだ。体当たりするということは、死にに行くということなのに、なぜ？

諦めなのか、責任感なのか、マインドコントロールなのか……。

彼らが物心ついた頃、日本はいつも「戦争している国」だった。学校でも、家でも、隣近所でも、すべては「お国のため」が最優先。それしか知らないから、選択の余地がなかったということなのだろうか。

出撃前、隊員はみな、この世に遺していく故郷の家族へ、妻へ、恋人へ、最期の手紙を書いている。

『お母さん、お体大切に。私は最後にお母さんが何時も言われる御念仏を唱えながら空母に突入します』（山下孝之さん　19歳）

込められているのは、遺していく人への愛だ。それまで受けた愛情に感謝し、恩返しできないことを詫び、自分の命と引き換えに、大事な人たちを守ろうとする、必死で切ない愛。そして、この時代に生まれてしまったことへの、抗えない運命への、あきらめも行間から立ち昇ってくる。

会館には、鹿児島県甑島手打港沖約５００メートルに沈んでいた「零戦」も展示されている。「満載された爆雷の重さで速度が出ず、敵艦に突入する前に撃墜された機も多い」と説明された。展示の零戦が沈んでいたのは知覧飛行場からわずか70キロの沖。１機でも失敗したなら、軍幹部が失敗の理由を知らなかったとは考えられない。

知っていながら、次の日も、次の日も、次の日も、若者を飛行機に乗せることができたのはなぜなのか。

善良な一市民だった彼らは、「お国のために」と、死を覚悟したのに、それさえ遂げられないまま、死ななければならなかったとしたら……。彼らの「命」は何だったのか。

§今の母たちが憲法で得たもの

この時、私の息子は戦死した彼らと同世代の20歳。もしもあの時代に生まれていたなら、あるいは日本がいまも戦争を放棄していない国だったなら、息子も「彼らの一員」になっていたのかもしれないということに、心が凍り付いた。

特攻隊員たちが遺した3000通の手紙。そこに一番多く書かれていた言葉は「お母さん」だ。幼い時からの軍国主義教育が、「男子の本懐《ほんかい》」を叩きこんでも、最後の最後に伝えたかったのは、母への愛情、感謝の思いだったのだろうか。

息子が亡くなった後に、それを受け取った母の気持ちはどんなだっただろう。自分の命と換えてでも守りたいわが子を、むざむざ死なせなければならなかった1036人の母の血の出るような叫びが、手紙の向こうから聞こえてくる気がした。

この母たちには、政府を批判するために「学ぶ」自由（日本国憲法23条）も、選挙権（同15条）もなかった。

けれど、私にはある。政府に意見を言う手段のひとつである選挙権や、おかしいことには、おかしいと言ったり、みんなで集まって話し合ったりする自由（同21条）を、今の憲法で得た。

§住民にまで「最後まで戦え」の命令

知覧の次は、沖縄へ向かった。

太平洋戦争で、国内の「最前線」だった沖縄。沖縄戦とは、この戦争の末期、1945年3月26日から6月23日までの日米の地上戦のことだ（その後も掃討戦は続いた）。皇居や政府がある本州に、アメリカ軍が攻め入ってこないよう、沖縄を「防波堤」にした。日本側の死者18万８０００人のうち、半数の９万４０００人が沖縄でふつうに暮らしていた住民だった。

連載を始めるまで、私にとっての沖縄は、「大好きな南国のリゾート」だった。青い青い海と、山国では見られない大きな太陽。柔らかな風に揺れる極彩色の花々。沖縄の言葉はゆったりと優しく、時の流れが穏やかな楽園。

そんな沖縄しか見ようとしなかった私にとって、いま目の前に広がる沖縄は、まるで「知らない国」のようだ。初めて入った旧海軍司令部地下壕（豊見城市）。壕に通じる階段は長く、「あらゆる地獄を集めた」と言われる沖縄戦そのままに、地獄まで続いているような気がした。

地下30メートル、長さ約４５０メートル。当時の壕はあちこちが崩れたため、１９７０年に「世界平和を祈念する場」として修復、３００メートルが公開された。司令官室、作戦室、幕僚室、暗号室、医療室、発電室、井戸、炊事場などを見学することができる。

湿気で壁が濡れている。下士官室だったところには「立ったまま眠る兵士たち」の絵があった。通勤ラッシュ時の電車並みの状態で眠る。その過酷さが伝わってきて息苦しくなる。

１９４５年6月6日、この司令部はアメリカ軍に包囲される。そして、その1週間後、どうすることもできなくなった司令官や上官たちは壕内で自決した。壁にはいまも、そのときの弾痕がはっきりと残っていた。

沖縄に配備された海軍部隊の総数1万人。沖縄戦が終わりを迎える時には、そのうちの約４０００人の将兵がこの海軍壕の一帯で戦死する。戦後、壕の中からは２３００柱を超える遺骨が収集された。

召集令状（いわゆる「赤紙」）で集められるまでは、自分の仕事や学業に励み、家族や友人、妻や恋人がいて、あなたや私のように普通に暮らしていた人々だ。

さらに、沖縄の住民たちにまで、軍から「最後まで戦え」という命令が出された。当時の日本には「戦陣訓」なるものがあり、「生きて虜囚の辱めを受けず」といった将兵の心得が書かれていた。敵に捕まって捕虜になるくらいなら、死ねということだ。

その戦陣訓に、軍人以外もマインドコントロールされていたのか。

「アメリカ軍に捕まったら、死ぬよりひどい目に遭う」と聞かされ、「最後まで戦え」との軍命に、降参することもできず、軍が配った手榴弾で「集団自決」する人が相次いだと多くの資料に残っている。子どもを道連れにした母も少なくなかった。我が子を手に掛ける……死ぬよりつらかったことだろう。

§死を恐れなくなる「軍国」という呪縛

「ひめゆり学徒隊」という言葉を、聞いたことがあるだろうか。

「沖縄陸軍病院」という名からは想像もできないただの洞穴に、負傷兵を看護する目的で集められた15歳～19歳の少女たち240人のことだ。

「赤十字の旗が立てられた、安全な病棟で看護活動をする」と思っていた少女たちは、負傷兵の看護だけではなく、壕を掘り、弾の飛び交う壕の外で水汲みをし、食事を作り、電話やメールの代わりに伝言に走らされた。

『傷口に付くウジが、ギシギシと音を立てて肉を食む。それを取り除くのも仕事』。そして、切り落とされた手足や死体の埋葬もさせられた。

ＡＫＢ48と同じ年頃の、人生で一番キラキラしていて、可愛くて、本来なら、笑ってばかりいるはずの女の子たちが……。

病室はむき出しの土壁に沿って簡易な二段ベッドがあるだけ。満足な照明も水すらもなく、麻酔もないところで、十分な止血もされない傷口の血のにおい、人いきれに、無数の蚊が襲ってきたことだろう。血と膿と糞尿の臭いが充満するこの場所から、『治って部隊に帰れる人はほとんどいなかった』（ひめゆり平和祈念資料館資料）そうだ。

教育の〝成果〟で軍国少女となり、「お国のため」に命がけで働いていたのに、作戦が行き詰まり、手立てがなくなると、彼女たちは「解散。今日からは自らの判断で行動するように」の一言で、弾の飛び交う戦場へ放り出された。15や16の子どもに、どんな「判断」ができるというのか。記録があるだけでひめゆり学徒隊の188人が亡くなった。

14歳〜19歳の男子学生1841人は「鉄血勤皇隊」「通信隊」として集められ、軍の物資の運搬や、爆撃で破壊された橋の補修、電報の配達などに従事していた。地雷を抱えて、米軍戦車に突撃させられた生徒もいたと資料にある。873人の男子学生が、戦争で殺された。

憲法9条があったなら、死なずに済んだ命。この中にもし自分がいたら、自分の子どもがいたら……。たった70年前の事実だ。

「平和の礎」(糸満市摩文仁)には、24万人の戦没者の名前が刻まれている。24万人。松本市の人口と同じだ。膨大な数の石の屏風のようなものがあるだけで、お線香や供物をあげる台もない。

地べたに正座し、石に彫られたたった数センチの名前を時折、指で撫でながら、語りかけているおばあさんがいた。膝の先には小さな泡盛の瓶と何かの天ぷら。故人の好物なのだろうか。私が、併設されている沖縄県平和祈念資料館の見学を終えても、彼女はまだそこで語りかけていた。

本島最南端まで400メートルのところにある喜屋武岬からは、海が180度見渡せる。琉球ガラスそのままの色だ。濃い青の花瓶の縁を彩るかのように、浜辺近くだけエメラルドグリーンをしている。怖いくらい透明で、海中の岩まで見える。断崖絶壁のこの場所から、その岩をめがけて、追い詰められた数多くの県民が身を投げた。いまは「平和の塔」が建っている。

現在の糸満市米原地区は70年前、一番の激戦地だった。日本軍も住民も陸から、海から、空からの攻撃に倒れ、あらゆる道や畑を覆い、足の踏み場もないほどだったという。一家が全滅し、住人のいなくなった家が今も数多く残っている。散乱していた遺骨は、終戦後に移住させられた真和志村民によって集められ、祀られた。その数3万5000柱。例えば、横浜アリーナの最大収容人数は3万人。それを5000人も上回る数なのだ……。現在は国立沖縄戦没者墓苑にも分骨されている。

子どもの頃から、「そういう気配」を感じる質だ。無念の死を遂げなければならなかった魂が発するものに感応したためか、汗と湿気に濡れたまま、冷房の強い車に乗ったためか、夜中から悪寒と熱に襲われた。

中馬さんから「普天間問題を根っこまで遡れば、勝算もないまま突き進んだ無謀な戦争に行き着く」と聞いていたので、最後の取材場所は普天間飛行場を予定していたが、断念。再訪を誓い、熱さましのシートをおでこに貼ったまま帰りの飛行機に乗った。

§「軍隊」が守るのは、あなたや私ではない

梅雨の晴れ間の光が降りそそぐ主筆室の窓から、山の緑が一段ときれいに見える。次のテーマ「沖縄」シリーズの相談に来ていた。

「開戦を決めるのは政府の中心にいる人たちなのに、ひどい目に遭うのは、いつも庶民。戦争では、弱き者、幼き者から犠牲になる。それは知覧でも、沖縄でも一番強く感じたことです」――私の取材報告を、中馬さんはじっと聞いておられた。

中馬「軍は何を守り、誰のためにあるかということです。戦時中、国策で満州(現在の中国東北部)のソ連(現在のロシア)との国境近くへ送り込まれた日本人は、終戦と同時に、護衛も食料も武器もないまま満州に置き去りにされ、たくさんの方が亡くなりました。

沖縄では、足手まといになった住民を、日本軍がどうしたか。

特攻では、貴重な人命と軍用機を一瞬で失う作戦にもかかわらず、それによって、どれほどの打撃を敵に与えられるのか。どれだけの犠牲が味方に出るのか、従来の作戦と比べての得失はどうなのかが、軍の最高首脳会議で論議された形跡はないんです。

特攻は軍部の無責任体制の産物以外の何物でもない。そこまで、ちゃんと見ていらっしゃい

ましたね?」

念を押すように、私の目を覗き込んだ。こういう時の中馬さんは、柔和な目、小柄な身体からは想像もできないほどの迫力だ。仁王様に見下ろされているような気分になる。

中馬「金井さんは、長野県民として、沖縄戦をどう考えますか?」

金井「………?」

意味がわからなかった。ぼんやり顔の私を尻目に、中馬さんは何やら電話で車の手配をしている。

中馬「はい、参りますよ!」

金井「ど、どこへ?」

バタバタと車に乗せられ向かったのは、長野市にある信毎本社から車で30分の距離にある松代大本営跡だった。

沖縄戦が行われている間に、「本土での決戦に備えるため」皇居、政府、軍司令部の移転先として掘られた地下壕だ。3つの山の地下にアリの巣のようにトンネルが入り組み、総延長約10キロにも及ぶ。

中に入って驚いた。沖縄で見てきた、自然の洞窟を使った地下壕とは全く違う……。壁はコンクリート張りで、天井は高く、車が通れるほど太い幹線道路があり、細い横道が碁盤の目のように交差する。身体にまとわりつくようなあの湿気もない。壕というより、まるで地下都市だ。

沖縄戦は、この工事が終わるまでの時間稼ぎとして行われたのだ。「(沖縄本島の)南部に移動して戦いを継続せよ」との命令は、松代大本営がまだ完成していなかったからだと、多くの史実が語っていた。

沖縄の9万4000人の人々が逃げ惑いながら殺され、幼い子どもたちをも巻き込んで「自決」していたその時、軍の中枢は、自分たちと偉い人だけを守るための巨大な壕を造らせていた。

軍とは、何を守るためのものか――。嫌というほどわかった気がした。

中馬「明治の日本は『富国強兵』を基本に据えて以来、この国の政治は軍を甘やかしました。軍の暴走の結果は、あなたが、知覧や沖縄で見てきた通りです。

1931年の柳条湖事件から1945年の敗戦までの日本人犠牲者は310万人、日本軍が命を奪った外国人の数は2000万人。その何倍もの人が、愛する家族や恋人を失い、収入を絶たれ、絶望し、人生を狂わされました。その大きな犠牲のもとに、日本は、天皇が定めた『大日本帝国憲法』から、国民が定めた『日本国憲法』への転換を果たしたんです」

日本は、いまの憲法を制定することで、国の生き方の転換を果たしたのだ。

その前文には「われらは、全世界の国民が、ひとしく恐怖と欠乏から免かれ、平和のうちに生存する権利を有することを確認する」と書かれている。「平和的生存権」と呼ばれるものだ。

中馬「平和的生存権は、今の時代における基本的人権の中で最も根源的で、誰もが持っている権利です。戦争はその権利を人々から奪う最たるものなのです」

§「平和的生存権」という宝物

中馬「多くの人は、平和に安心して生き、生涯を終えたいですよね。ほどほどに、おいしいものを食べ、おしゃれし、外出ができる……これが本来の姿。それを根こそぎ破壊するのが戦争なんです」

金井「軍隊が『国』と呼ぶのは、『権力者やエリート、戦争を続けるための軍の機能、それを支える国力』のことで、軍隊はそれを守るためにあり、そのためには、国民や国民の生活など犠牲にするのだと、沖縄や知覧、松代で見てきました」

中馬「そうでしょ。平和的生存権は太平洋戦争の遺産です。310万人の同胞の命を失い、また

2000万人の外国人の命を奪った経験から生まれたものなんです。これを守らなければ、無念の中で亡くなった彼らの魂に申し訳ない」


平和な生活とはどういうことか。

戦争の恐怖におびえたり、戦争のための防空演習を強要されたりしない。

戦場に、自分や夫、子ども、恋人などを連れて行かれる心配がない。

演習場や軍事戦略のために、自分の土地や財産が接収される不安がない。


ただ戦争をしていない状態だけが平和なのではなく、戦争の影が人々を不安にさせない状態でなければならないのだと憲法学者の星野安三郎さんは書いている。

9条を変えたら、確実に「戦争」に1歩近づく。

2015年の全国会議員の91・5％は戦後生まれだ。特攻隊員の最期の手紙を読んだことはあるだろうか。沖縄の戦跡で心からの祈りを捧げたことはあるだろうか。そして、沖縄の人々を防波堤代わりにして造らせた松代大本営跡を見たことがあるだろうか。

9条を変えたいなら、変えるとどうなるかを、まず、過去に学んでほしい。

2008年4月、名古屋高等裁判所は、多国籍軍と武装勢力とのイラク国内での戦いは、「イラク戦争の延長上にある国際的な戦闘」とし、「戦闘地域」であるバグダッドへ、自衛隊がアメリカ兵などを輸送するのは、「イラク特措法に違反し、かつ憲法9条に違反する活動を含んでいる」との判決を出した。さらに「『平和的生存権』を憲法上の権利として認めるべき」とした上で、戦争への加担・協力を強制された場合、国民は裁判所に差し止めや損害賠償を求めることができると、はっきり宣言した。

中馬「それは、『9条があればこそ』なのです」

§国会議員の皆さん、どうぞお先に！

イラク戦争で最前線に立たされたのは、軍隊が与える奨学金など経済的支援に惹かれて兵士になった低所得者層のアメリカの若者たちだった。

日本が、いわゆる「同盟」関係にあるアメリカは、第二次世界大戦の後もずっと、少なくとも20以上の国々と戦争し、軍事介入を続けている国だ。

そして日本はイラク戦争のとき、9条がありながらどこの国よりも早く、開戦を支持し、自衛隊の派遣を決めた国。もしも9条がなかったら、この20カ国の戦場にも、自衛隊は同行させられていたのだろうか。

　依然として少子化は続いている。経済格差も広がり、貧困のために進学をあきらめる子も多い。自衛隊員の確保が難しくなったとき、何が生じるのだろう。もし、自民党の憲法改正草案の通りに軍隊ができたら、アメリカと同じように、低所得者層の若者たちが、経済的支援と引き換えに入隊してしまうかもしれない。

　20世紀初め、デンマークのフリッツ・ホルムという陸軍大将が「戦争絶滅受合法案」というのを考えた。「戦争の開始から10時間以内に、まず国家元首を、最下級の兵卒として最前線に送り込む。次はその親族の男性、次に総理、国務大臣、各省の次官、そして反戦を表明しなかった国会議員、宗教界の指導者。その妻や娘、姉妹等は最も戦闘が激しい野戦病院で働く」。権力を持つ者から先に犠牲になるようにすれば、自らは安全地帯にいて、ナショナリズムをあおる政治家は姿を消し、「戦争が絶滅することを受け合う」というものだ。

　91・5％を占める戦後生まれの国会議員全員に、そして誰より総理に、「自ら兵士として最前線に行くとしても9条改正に賛成しますか」とぜひ、聞いてみたい。

§読者からの手紙

連載開始から1年半が経ったとき、松本平タウン情報の投稿コーナー「読者ひろば」に、大町市のみかんさん（ペンネーム・20代女性）から投稿を頂いた。

若い女性から、戦争について、こんなに真摯な投稿が来るとは予想していなかったので、喜びよりも驚きと責任感のほうが大きかった。そして、問いの大きさに「投稿欄のスペースで答えられるものではない」と判断。連載のテーマにすると決めた。

【戦争が起こった真実を知りたい】

「わたしは憲法を考えるより、なぜ戦争が起こったのか知りたい。あらゆる立場の人にとって戦争とは何だったのか。たった65年前（2010年当時）の事を遠く感じるのは、情報が一方的で『何がいけなかったのか』が明確でないからだ。

犯人捜しではなく真実と向き合いたい。いいことも悪いことも全部知りたい。拷問にあっても戦争に反対した人の誇りを、正義とうそぶく人を、流されてしまった人を。わたしができることは知ることだ。それが唯一過去を生かすことだ。（中略）まだ知らないことばかり。祖父の、自分の、誰かのために知りたい。それが戦争はもう嫌だと強固に拒む力になると信じる」（大町市　みかん 20代女性）

金井「投稿には『憲法を考えるより』とありますね。なぜ戦争が起こったかを知ることと、憲法を考えることは、みかんさんにとっては『別物』のようですね。憲法を抜きに、15年戦争が起こった理由を考えることは、できるんでしょうか？」

中馬「それは……難しいですね。日本が未開の国だったなら話は別ですが、そうではない国家が行う戦争は、憲法を抜きに語ることはできないと思います。太平洋戦争が起こった時代の憲法が何だったかはもうおわかりですね」

金井「はい、大日本帝国憲法です」

中馬「前にも話しましたが、現憲法との大きな違いの1つは、主権者が天皇だったことです」

主権とは「国政の最終決定権」のことだった。大日本帝国憲法では、主権は天皇にあったのだ。

中馬「天皇は、人の姿となってこの世に現れた神である『現人神《あらひとがみ》』と呼ばれ、陸海軍の最高指揮官（大元帥）でもありました。戦争に関することは、他の国務からは独立するとされていましたから、軍部は昭和の初めごろから、天皇の最高指揮権を盾に暴走を始めたんです。さらに、旧憲法での基本的人権は、天皇から与えられたもの。それも法律で制限することができました」

旧憲法での人権や自由には『法律の範囲内』といった制限がついていたから、簡単に制限したり禁止したりできたのだ。

中馬「15年戦争の発端は1931年9月18日夜の柳条湖事件でした。これがのちの満州事変となります。

柳条湖というのは中国・瀋陽の北方の地名ですが、ここで日本の関東軍は、日本が敷いた南満州鉄道の線路を爆破し、中国軍の仕業だと偽った。攻撃開始の口実が欲しかったからです」

日本の新聞はこぞって中国軍を非難し、世論は好戦的になっていった。

そのころの日本軍は旧憲法の「天皇ハ陸海軍ヲ統帥ス」をもとに、「軍部への批判は、天皇への批判」と解釈し、国民も議会も軍部を批判できないようにした。さらに1936年には陸軍大臣、海軍大臣を現役軍人の大将・中将に限定する制度も復活させ、軍部の独走態勢はさらに増していく。

金井「独走というか、暴走ですよね。マスコミはどうしていたんですか?」

中馬「当時のマスコミは法的に厳重な枠をはめられていました。軍の行動を批判するような言動は一切認められませんでした。

太平洋戦争開戦時の首相・東條英機を批判した記者は、すぐさま召集され、激戦地へ送られました。こんなことが続き、日本のマスコミはだんだん力を失い、やがて軍部の言いなりになってしまいました」

§「正しい情報が届かない」状況が生むもの

中馬さんの二代前の信濃毎日新聞社主筆に、桐生悠々《きりゅうゆうゆう》という人がいる。軍部に対する批判を貫いた悠々の社説は、軍部の怒りを買った。この人の反戦を貫く言論を軍部は許さず、信毎を不買運動で脅し、悠々と編集幹部の退陣を強要した。悠々は退社を余儀なくされ、愛知県で個人雑誌を通じた言論を続けるが、貧困の中で亡くなっている。

中馬「軍部は、言論の自由を許すことは国を滅ぼすと考えて弾圧しました。ほとんどの新聞はそれに逆らうことができず、『大本営発表』など軍部の出す情報を精査することもせずに載せました。

軍部に都合のいいことや、作り話を国民に伝え続けたのです。そのころ国民の主な情報源は新聞でしたから、国民は、本当の戦況も、隣近所以外の国民の生活の悲惨さも知ることはできず、日本軍勝利のニュースを鵜呑みにしていました」

金井「中馬さんは、街の95％が焼けてしまった鹿児島空襲を体験なさっているのですよね」

中馬「ええ。空襲当時は小学4年生でしたが、大人たちが『日本にはマッチ箱くらいの大きさでアメリカを吹っ飛ばせる爆弾がある』とか、『日本の軍艦はもう太平洋を越えて、アメリカ本土近くに入った』などと話していたことを覚えていますし、日本は絶対に勝つと信じていました」

私が見て来た沖縄戦の爪痕。当時の本土の人たちは、沖縄がどんな惨状だったか、沖縄の少女たちがどんな目に遭ったかも知らずにいたのだ。鹿児島の街が空襲を受けてどうなったかも、全国に正しく伝えられることはなかった。

言論・出版の自由がいかに大事かということだ。権力に捻じ曲げられることなく真実が報道されなければ、国民は政府がやることの成否や真偽を判断したり、国政に対する自分の考えを持ったりすることができないのだ。

中馬「個人の自由を尊重し、国家の干渉を排除しようとする『自由主義思想』は、国家への反逆と同列に扱われ、思想を理由に大学を辞めさせられ、著書を発売禁止にされた学者もいました。教授会や学生による抵抗運動が起こりますが、弾圧され、大学の自治、学問の自由は失われて行きます。

これ以後、新聞報道も、国民の思想や心理を戦争へ駆り立てるものになります。軍の報道部の言いなりになったと認めざるを得ません……」

軍部が、政治や経済まで握ろうとすることを危険だと考える記者もいたが、多くは、水からゆでられるカエルのように、大ごとだとは思わないまま軍の報道部の言いなりになってしまったのだそうだ。

中馬「天皇制を批判した者は『死刑もしくは無期懲役、あるいは5年以上の懲役』（改正治安維持法）、さらに1941年には刑期を終了しても再犯の恐れがあると認めれば、牢獄に入れておける『予防拘禁制』が導入されます。

国策と違う思想を持つことを禁じ、思想、学問、政治活動の自由を奪う。違反した者は拷問や極刑です」

「お上に楯突いたら、どんな目に遭うかわからない」――。そういう恐怖が、国策に疑問を持ったり、反対意見を言ったりする心や機会を、国民から奪っていった。その結果、政党や労働組合なども戦争体制に協力することになったのだ。

金井「そして、『国家総動員法』が作られるのですよね」
中馬「そうです。おおまかに言えば『戦争および事変の場合は、国を守るため、国のすべての力を有効に発揮するために、労働力、資金、物資、企業、動力、運輸、貿易、言論など国民生活の全分野を政府が自由にできる』という法律です」
金井「聞いただけで、息苦しくなります……」
中馬「これに基づき、労働力不足を補うため、国民を強制的に徴集し、生産に従事させる『国民徴用令』や、国民の生活物資の生産、配給、消費、価格などを全面的に政府が統制する『生活必需物資統制令』など、多くの勅令が出されました」

勅令というのは、議会に諮らず天皇が発する命令のことだ。こういう状況下では、個人の人生も、生き方も、考え方も政府や軍が思い通りにでき、個人の自由はない。
「ここに軍の施設を造る」と言われれば、家も田畑も有無を言わさず取り上げられ、逆らえば法律違反で捕らえられるのだ。

金井「国民に主権があれば、こんなことにはならなかったですよね」

中馬「ならなかったでしょうね」

§「もの言わぬ国民」を作る、教育の怖さ

中馬「1941年から小学校は『国民学校』となり、国家主義的な教育がますます強化されます。投稿者のみかんさんは『教育勅語』という言葉を聞いたことがあるでしょうかね。

『勅語』とは『天皇のことば』という意味で、天皇が国民に説いたという道徳教育の規範です。『親孝行をする』『兄弟姉妹は仲良く』『友達とは信じ合って付き合う』、さらに『自分の言動をつつしむ』『社会のためになる仕事に励む』『社会の秩序に従う』など12項目が並んでいます。そして最後には『有事には真心を捧げて、国に奉仕する』。つまり、天皇のために、命も惜しまず戦うことが最大の美徳とされました」

金井「暗記しなくてはいけなかったんですよね」

中馬「ええ。言えなければ、先生に殴られることもありました。1938年に国家総動員法が施行されると、その正当性を示すためにも使われました。

自分の言動をつつしみ、社会の秩序に従い、有事には真心を捧げて、国に奉仕するものだと学校で毎日唱え、それを胸に刻んだ6年生が、数年後には、特攻隊員に志願していきました」

金井「教育というのは、時に、恐ろしい魔物に変身するということですね……」

中馬さんは、第一次安倍政権によって、「教育基本法」が改正されたことをとても心配していた。

中馬「新教育基本法は、郷土とともに『国を愛すること』を掲げました。戦後教育によって日本人は愛国心をなくしたと主張する一部の人々の意見を反映したものです。
　愛国心が本来の意味を離れて、戦前や戦中のように一人歩きを始め、個人より国家を愛せ、そうでないものは『非国民』だから許せない、という空気ができるのではないかと心配です」

愛することも、信条も、心の中のこと。現憲法では「思想及び良心の自由」が保障されているのだから、国を愛せと強制されるのは、おかしい。

政府が、子どもたちに国家を意識させ、愛国心を高めさせたい目的は何なのだろうか。

中馬「教育基本法の改正は、教育勅語を思い起させます。旧憲法下の家長制度を復活させようとする人々の計画の一端ではないか、と勘ぐりたくなります」

みかんさんが知りたい「戦争が始まった理由」は、満州事変よりさらに前の日清、日露戦争まで遡っても、「これが理由だ」と特定するのは難しいと、中馬さんは言う。

明治以来、国の方針を「富国強兵」とし、植民地を獲得することで、欧米先進国に追いつくことが日本の近代化だった。

それまで負け知らずの日本の傲りが、「中国はちょっと叩けば、すぐ音を上げるはずだ」という楽観を招き、関東軍が柳条湖事件を起こす。

けれど、見通しは甘く、日中戦争は長期化する。そんな中、アメリカが日本への石油、鉄鋼製品の輸出をストップしたため、「これでは中国と戦えない」と資源豊富な南方への進出を企てざるを得なくなる。大義名分として「大東亜共栄圏」「五族協和」を唱え、アメリカとの開戦に踏み切った。中国との戦争のために、アメリカとも戦争する。石油確保のために、石油をたくさん使う戦争をする……。どう考えても、変だ。

それを「なんか変」と言える空気が、当時の日本にはなかったのだ。

金井「中馬さんも『無謀と知りつつ先の大戦に突入したのも、終戦時を間違えたのも、あの《空気》のせいだった。すべての流れが、何となく、決まっていく。走りだしたら止まらない』とコラム『考』に書かれていますね」

中馬「はい。ノンフィクション作家の保坂正康さんと半藤一利さんの対談を読むと背筋が寒くなりますよ」

『昭和』を点検する—なぜ無謀な戦争に突入していったのか」（講談社新書）から部分的に引用する。

半藤（略）「戦争始めるんだけれども、どういうときに終戦にもっていくのか。この際だからちょっと考えておかなきゃまずいよ」「そうだね」ってな具合。

保坂（略）正式に国策として論じるに値するかどうか、今日のわれわれの目から見るとかなり疑問であろうと感じます。じつに幼稚な、もう見え見えの案なんですね。日本は蒋介石を叩く、ドイツはイギリスを叩く、徹底的に叩いているうちにアメリカがいやになって、もうやめようと言い出すはずだというだけの話。真面目に考えていたのですかといいたくなる。

戦争とは、こんな安易な「空気」のもとで始まってしまうらしい。そして、始めた人は、安全なところにいて、徴兵された「国民である兵隊」には、ろくな武器も食料も与えず、「お国のために死ね」と命令する。

日本国憲法に守られている今は、主権が国民にあり、言論や思想の自由が憲法で保障され、国策だからと従わせられることはない。
そして何より、戦争放棄、戦力不保持を定めた9条がある。みかんさんが問う「戦争はもういやだと強固に拒む力」は、無謀な解釈変更も含め、9条を変えないこと。その意思を選挙で示し、市民活動やデモ、ブログやTwitterなどさまざまな方法によって、表明し続けることなのではないだろうか。

このシリーズの後、読者からの投稿やお手紙が増えた。私の願い通りに『切り抜いて、何度も読み返しています』というものがいくつかあった。『今の政治のこと、私たち一般人との関わりのことなど、噛み砕いた書き方で、どうぞ続けてください』とこれからの課題もいただいた。
一方で、元自衛隊員の方からは反対意見もいただいた。

「『戦争はいやだ』と『9条の戦争放棄・戦力不保持』をただ唱えていれば国の平和、安全は保持でき、『有事』は起こらない…と本当に信じているのだろうか。（略）憲法が改正されれば、本当に『有事』が起こるのだろうか。自衛軍を保持すれば『有事』になる……のなら、『軍』と『隊』との相違はよくわからないが、自衛隊創隊以来、今日までの日本の平和と安全をどう説明するのか。（略）『国家権力の暴走』を恐れて、専守防衛の努力にまで目を背ける……ようでは国の平和・安全はどうなるのか（略）」

私は、『9条を唱えていれば平和で安全で「有事」は起こらないと信じている』のだろうか？『憲法が改正されれば、「有事」が起こる』と思っているのか？

『自衛軍を作れば、「有事」になる』と思っているのか？　改憲に反対することは、『「国家権力の暴走」を恐れて、「専守防衛の努力にまで目を背けること」』になるのだろうか……？

「そんなことはない！」という言葉が、頭の中で点滅している。でも、理論的な説明ができない……

中馬さんに聞こう。

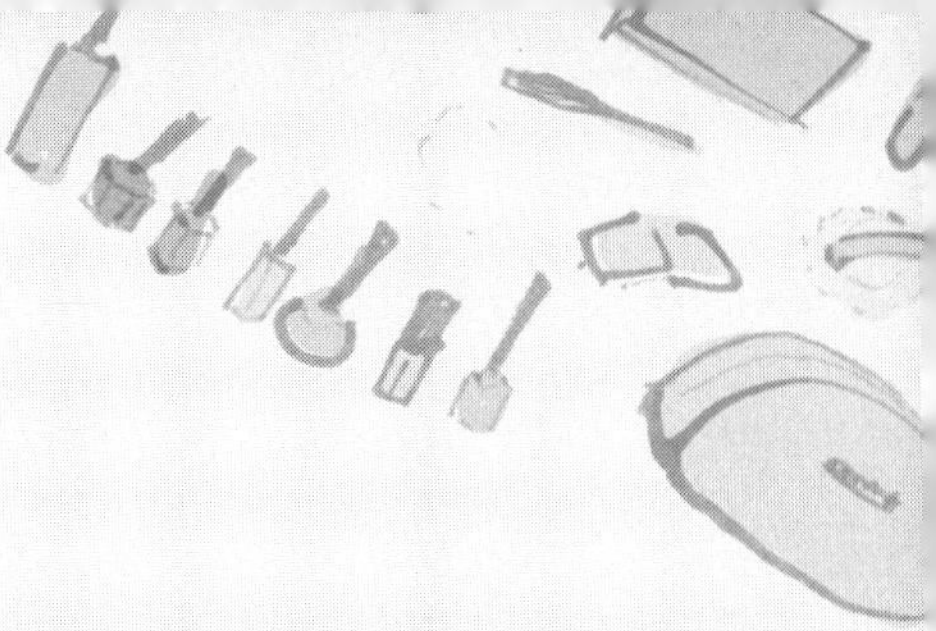

Lesson 4

自民党改憲草案のひぇ～な中身に潜むモノ

§えっ、国防軍？　軍法会議？

いくつもの問いに、理論的な答えを出せないまま、私は自民党が２０１２年４月に出した「日本国憲法改正草案」（以下草案）を手にしていた。

この草案は、今の憲法とはどう違うのだろう。

憲法や、憲法と関わる社会のイロイロについて勉強を始めて４年。「中馬さん追っかけ」で聞いた講演会は20回を超え、特訓、補習も続いていた。さらに、信州大学が一般に公開している授業で、「憲法」を受講し、私の本棚には「憲法」と名の付く本ばかりが並んだ。わかっても、わからなくても、とにかく読んだ。

大日本帝国憲法（旧憲法）と日本国憲法（現憲法）はまったく違うことも知った。国民に保障している権利も、それによって国民の人生や幸福に及ぼす影響も。それは、私の人生が「憲法」によって、変えられてしまう可能性があるということだった。

だからこそ、草案にも無関心ではいられない。現憲法と草案で大きく違う前文。続く1条。そして9条。それらを比較すると、元自衛隊員からの疑問にも答えられそうな気がした。

草案は、現憲法の前文をすべて削除して、新しいものに変えている。これはどういうことなのだろう。

現憲法の前文にある『われらは、全世界の国民が、ひとしく恐怖と欠乏から免かれ、平和のうちに生存する権利を有することを確認する』も、『日本国民は、国家の名誉にかけ、全力をあげてこの崇高な理想と目的を達成することを誓ふ』も消えてしまっている。

代わりにあるのは『日本国は、長い歴史と固有の文化を持ち、国民統合の象徴である天皇を戴く国家であって』、『日本国民は、国と郷土を誇りと気概を持って自ら守り』、『日本国民は、良き伝統と我々の国家を末永く子孫に継承するため、ここに、この憲法を制定する』……。

何よりも、国民主権の国の憲法の前文が、『日本国民は』ではなく『日本国は』で始まる。そして草案1条で『天皇は日本国の元首であり』としている。

現憲法は、天皇の地位を『日本国の象徴であり日本国民統合の象徴であつて』と、象徴としている。元首にすると、どんな影響があるのだろう。

中馬「『元首』は国家を代表する資格を持った機関や者のこと。『象徴』はあるものを表わす目印や記号のこと。平和を表わす白い鳩や、五大陸の融合を表わすオリンピックの五輪マークなどが『象徴』のわかりやすい例ですね。

現在の天皇は日本国、日本国民統合の象徴という位置づけです。もし、『代表する資格』を持つことになったら、国民主権にも影響が出るでしょう。天皇の権威を政治的に利用した、この国の過去みたいにね。大日本帝国憲法では、天皇は元首ですから」

天皇陛下ご自身は「元首」になることを望まれているのだろうか。皇后様と共に慰霊の旅を続けられ、戦没者の御霊に深々と頭を下げられ、「先の戦争への深い反省」を語られるお姿からは、望まれているとは、とても思えないのだけど……。

金井「草案の前文からは、自分たちは特別！っていうニオイがして、お山の大将的というか……。今の憲法の前文のように世界平和とか、全人類の未来とか、そういう大局的な視点がまったくないのが悲しい。過去に戻ってる感満載です」

中馬「おっしゃいますねぇ（笑）。草案は前文に『日本国民は国と郷土を誇りと気概を持って自ら守り』という文言を盛ったばかりでなく、9条には『国防軍の保持』とともに『自衛権の発動を妨げるものではない』とまで明記しています。現9条で『戦力の保持を否定』している第2項は削除してしまいました。現憲法の平和主義を踏みにじっています」

護憲か改憲か、の議論で必ず出てくる9条。現9条と草案9条をもう少しくわしく比べてみる。

草案の9条は、左記の「（平和主義）第九条」のほか、「（国防軍）第九条の二」「（領土等の保全等）

第九条の三」に分かれている。どれどれ。

［草案］

（平和主義）

第九条　日本国民は、正義と秩序を基調とする国際平和を誠実に希求し、国権の発動としての戦争を放棄し、武力による威嚇及び武力の行使は、国際紛争を解決する手段としては用いない。

2　前項の規定は、自衛権の発動を妨げるものではない。

中馬：「矛盾した条文です。前段で『国権の発動としての戦争を放棄』といい、後段では武力による威嚇と武力の行使について『国際紛争を解決する手段としては』という場合のみ『用いない』という。自衛権の行使であれば、戦争も武力行使もできると読めます。

その上、自民党の改正草案Q＆Aにも、自衛権には個別的自衛権や集団的自衛権が含まれていることは『言うまでもありません』と書いています」

【現憲法】

第九条　日本国民は、正義と秩序を基調とする国際平和を誠実に希求し、国権の発動たる戦争と、武力による威嚇又は武力の行使は、国際紛争を解決する手段としては、永久にこれを放棄する。
2　前項の目的を達するため、陸海空軍その他の戦力は、これを保持しない。国の交戦権は、これを認めない。

金井「でもですね、『国際紛争を解決する手段としては』という条件付きは、今の憲法も同じような表現をしていますよね」

中馬「確かに、前段だけ見れば同じ矛盾があります。しかし現憲法では、第2項で『戦力は持たない』『交戦権は認めない』とすることで武力行使を禁じています。

けれど、人間でいえば正当防衛に当たる『個別的自衛権』は認められる、とするのがこれまでの政府の解釈です。国民の多くも、これを認めてきました。政府の見解はその個別的自衛権の行使でさえ、相手の違法な行為が差し迫るか、起こってしまって、ほかに手段がない場合に限り、必要最小限だけ、という枠をはめているわけです」

金井「とても抑制的ですね。これでこそ『平和主義』です！」

ますます平和主義から遠ざかっていくのが、草案の『（国防軍）第九条の二』だ。

［草案］

（国防軍）

第九条の二　我が国の平和と独立並びに国及び国民の安全を確保するため、内閣総理大臣を最高指揮官とする国防軍を保持する。

2　（略）

3　国防軍は、第一項に規定する任務を遂行するための活動のほか、法律の定めるところにより、国際社会の平和と安全を確保するために国際的に協調して行われる活動及び公の秩序を維持し、又は国民の生命若しくは自由を守るための活動を行うことができる。

4　（略）

5　国防軍に属する軍人その他の公務員がその職務の実施に伴う罪又は国防軍の機密に関する罪を犯した場合の裁判を行うため、法律の定めるところにより、国防軍に審判所を置く。この場合においては、被告人が裁判所へ上訴する権利は、保障されなければならない。

金井「出ました、国防軍！　どんなものですか？　どうやって作るのですか？」

中馬「どんな目的か、どんな装備か、どんな方向か――これによって『軍』の性格が決まります。

　自民党草案は『国防軍』の中身を語っていませんが、自国の領域、領海、領空のみの防衛から脱し、世界のどこへでも出かけて軍事的行動ができる、そんな軍事力集団のことでしょうね」

金井「国防軍という別組織が何もないところからできるのではなく、今ある自衛隊が国防軍に変わるってことですよね？

　現在の自衛隊員は、『よその国と戦争する軍隊』だと思って入隊したわけではないですよね。災害救助や国際貢献など『人のために役立ちたくて』という動機で隊員になった人が、突然、『人殺しもする組織』の人になってしまうかもしれない……ということですか？」

中馬「そうなりますね」

金井「ひどい！　人の命を守る仕事がしたくて製薬会社に入社したのに、突然、生物化学兵器を作る会社になっていた、みたいな話ですよ。辞めたい人も出るんじゃないでしょうか」

中馬「草案の『第九条の二　5』には、『国防軍に審判所を置く』ともあります。Q＆Aには『いわゆる軍法会議のことです』と書かれています。国民の目の届かないところで『軍人が軍人を裁く』という時代に後戻りする恐れがありますね」

「軍法会議」とは、「軍人、軍属、敵国の軍人や住民などを裁く特別裁判所」のことだ。

Q＆Aで「いわゆる」と書いているのは、現憲法、草案共に76条にある「特別裁判所は設置できない」という制約からの逃げなのかしら。

草案の『第九条の二　5』には、「裁判所へ上訴する権利は、保障されなければならない」とあるし、裁判所ではなく「審判所」だと書いているのも、「特別裁判所ではありませんよ」と言いたいように取れる。

それなのに、Q&Aは「軍法会議」だと書いている。どっちだ？

問題は、審判所のような軍法会議のようなシロモノが、なぜ必要なのかということだ。

隊員……じゃなくて、兵士を、戦場へ送り込むためには、恐れをなして逃げ出さないよう、上官の命令に背くことがないよう、オドシをかけるのは軍隊の常識なんだそうだ。「逃げたら軍法会議（審判所？）で裁かれるから、逃げられない！」と心に鎖をかけるのだ。

軍法会議は、裁判官役も検察官役も弁護士役も軍人が務める。公開の原則はあっても、なんせ戦場でのこと。軍事機密がかかわったりすれば、普通の裁判のように傍聴することは不可能だろう。何が行われているか、私たちは知ることもできない。

そして……裁かれる人の中には、「住民」が入っていることも覚えておきたい。

§アメリカと、世界の果てまでご一緒に？

金井「安倍首相は、外国は自衛隊をすでに軍隊と見なしているから、この矛盾を実態に合わせて解消するだけだという答弁もしています。『隊』と『軍』の呼び方を変えるだけだと言わんばかりに……」

中馬「私は、自衛隊は『袋』だと思っています。中に専守防衛のためのものを入れるか、攻撃のためのものを入れるかによって変わる。

これまで日本政府は、自衛隊は、あくまで日本が他国の侵略を受け、日本を守るためには実力行使以外にないとなった時のための最低限度の『実力』であり、『戦力』ではないと説明してきました。確かに、自衛隊の装備は豪華ですが、内容をよく見ると先制攻撃力などには抑制が効いています。遠くの国まで出かけて行って攻撃するような空母や爆撃機、核ミサイルなどは持たずにきました。

先にお話しした軍法会議などのような、国として戦争を遂行するために必要な制度や法律もありません。これは9条の抑制力の結果なんです」

金井「なるほど。『守り専門』にとどめてこられたのは、9条が歯止めになっているんですね」

中馬「とは言うものの、9条と自衛隊の現状に隔たりがあるのは事実です。でも、その解決には『自衛隊を憲法に合わせる』方法もあるんです」

金井「中馬さんの持論ですね。袋の中身を本来の専守防衛に則したものにしていくということですね。でも、『軍隊がなくては国や国民の安全は守れない』『国際貢献はできるか』という声がありますが」

中馬「金井さん。沖縄で、日本軍が国民を守らなかった事実を見てきましたよね。国民の安全を守るのは、まずは外交の力。近隣の国々とはもちろん、文化的、経済的に友好関係を深め、日本ならではの協力、国際貢献を重ねて、なくてはならない国になることです。敵対する国を作らないようにするんです」

金井「まさしく、平和的です！」

中馬「日本の領土、領海に不法に侵入する外国勢力があれば警察力で排除する。領空は警察力で対応できないので自衛隊に任せるしかないのですが、今、尖閣諸島周辺で海上保安庁の船がやっているように、何度でも粘り強く『出て行け』の意思表示をする。これは警察力で、軍事力とは違います。

軍事力を使い、軍と軍がぶつかれば、戦争になってしまいますね。外国まで出かけて先制攻撃をするような軍隊を持つのは、かえって自国を危険にさらし、国民を犠牲にしかねません。

『軍事力による国際貢献』も現地の人々を幸せにした例があったでしょうか？」

金井「イラクやアフガニスタンの人々の幸せに貢献したとすれば、それは警察官を養成したり、学校を建てたり、水道や道路を作ったりしたことで、爆撃ではないですね」

中馬「私は、国際貢献には、例えば『平和回復庁』みたいな組織を作るのはどうかと思っています。自衛隊を縮小し、その一部を平和回復隊として回復庁に移します。首相の直属として①平和回復隊②警察隊③医療隊④復旧隊⑤平和回復訓練所―などで構成するという考え方です。
国際紛争の際、各隊は国連安全保障理事会の要請を受けて、現地に平穏が戻った段階で、国会の承認を受けて出動するという仕組みです」

この仕組みは、「米軍の世界戦略」に自衛隊が取り込まれないことを念頭に、真に「世界の平和に貢献する」ことを考えてのものだ。イラク戦争のとき、9条がありながら、真っ先にアメリカの開戦を支持した日本の態度への戒めでもある。

自衛隊は専守防衛隊として日本の領域の安全に専念する。

国際貢献は非軍事に限定し、警察・医療・復旧に重点を置く。

平和回復隊は警察隊、医療隊、復旧隊の安全確保を主な任務とし、最小限の武装を認める。他国の平和維持活動との調整は平和回復隊があたる。

金井「素敵です！　実現できたら、現地の人々の平和と幸せのために、現在の活動より、ずっと貢献できると思います」

中馬「私は未来永劫、憲法には一切手を触れるべきではないという考えではないんですよ。でも、アメリカの世界戦略の下、いわゆる『日米同盟』という言葉に踊らされて、軍事的に日米が一体化する。そのための改憲には、絶対に反対です」

アメリカは第二次世界大戦後もずっと、20カ国以上に戦争や武力による介入をし続けている。そういう国と一体化する『国防軍』を持つということは、アメリカの敵に、「日本も敵」だと思われることだ。

金井「同感です。だって、日本は30年以上も子どもが減り続け、今は人口の約13%しかいないんですよ。その大切な子どもを国防軍にして、アメリカの軍事戦略につき合わされ、命を落とすなんていうことは許せない！　私の子も、孫も、ひ孫も絶対に行かせません！」

子どもが減るということは、希望や未来が減るということだ。生産年齢人口が減り、納税額が減り、国の力が落ちるということだ。国防軍を作ったら、もっと減らすことになるかもしれない。生きて帰れたとしても、帰還アメリカ兵の約20%が罹っているといわれるPTSD（心的外傷後ストレス障害）やうつ症状で、普通の社会生活ができなくなるかもしれない。アメリカの退役軍人のうち、1日平均18～22人が自殺している（米・退役軍人省）という数字を、日本が「国防軍」を持つことに賛成の人たちは知っているだろうか。

元自衛隊員の方への答えをまとめてみる。

平和で安全な暮らしのためには、もちろん、9条を唱えているだけでいいはずはない。けれど、戦争や武力による介入をし続けているアメリカは、「平和で安全な国」とはとても言えない。そこと、一体化することになる『国防軍』を日本が持てば、アメリカの敵に、「日本も敵だ」と見なされ、戦争の危険を引き寄せることになる。だから、私は国防軍を持つことに反対だ。でも、それは専守防衛の努力から目を背けることではない。

軍隊を持たないからこそ、外交の力を磨き、警察力での対処にとどめることが重要なのだ。例えば、1機150億円もするオスプレイは、私たちを守るものだろうか。専守防衛のために役立つものだろうか。政府の動きをしっかり見て、そういうことも考え続けたいと思っている。

憲法には一切触らせないとは思ってない。けれど、「国民の命と人権を守るためのもの」である憲法を、「軍事的に日米が一体化するのを可能にするために改める」ということには反対なのだ。

§ アヤシイ、「公益」「公の秩序」

草案に4回も出てくるキーワードがある。「公益及び公の秩序」だ。

その言葉に続けて「反してはならない」（12条）「反しない限り」（13条）「適合するように」（29条）

と制約し、害することを目的とした行動は「認められない」（21条）と制限する。
「力のない私」を権力から守るものが憲法なのに、国民の自由を制限するのは、正しい改正案なのだろうか。『表現の自由』を保障する21条を比較してみる。

【現21条】集会、結社及び言論、出版その他一切の表現の自由は、これを保障する。
［草案21条］集会、結社及び言論、出版その他一切の表現の自由は、保障する。
2 前項の規定にかかわらず、公益及び公の秩序を害することを目的とした活動を行い、並びにそれを目的として結社をすることは、認められない。

金井「現21条には草案の『2』のような制約はないです。じゃあ野放しなのかというと、そんなことはないのですね」

21条自体に制約はない。けれど、12条【自由・権利の保持の責任とその濫用の禁止】で「公共の福祉のために利用する責任を負ふ」とし、13条【個人の尊重・幸福追求権・公共の福祉】で『公共の福祉に反しない限り』と書いて、憲法全体として、個人の幸福を妨げる、プライバシーの侵害にあたるような「表現の自由」は規制しているのだ。

金井「気になるのは、草案の『公益及び公の秩序』と現憲法の『公共の福祉』、これがどう違うかです」

中馬「そこは、とても大事なところです。公共の福祉とは簡単に言うと、『お互い尊厳を持って、健康で文化的な生活を営める』という人間のあるべき姿を目指したものです」

金井「なるほど。公共施設、公共料金、公共事業などの公共は、そういう意味なんですね～」

中馬「『公共』に対する言葉はありませんが、『公益』は、『私益』に対する言葉です。『公』の益と『私』の益。公の益の『公』は、誰を指しているのかあいまいです。国なのか、時の政権や有力政党などの権力者なのか、民主政治の仕組みをいうのかわからない。その『公』の『秩序』はもっとわからない。

　これだと私たちの暮らしの『秩序』が、時の政権党によって都合良く変えられる恐れがあります」

自民党が公開している草案Q＆Aには「公共の福祉」の意味が曖昧で分かりにくいので変えたと書いてあるが、「公益」「公の秩序」のほうがずっと分かりにくい。

金井「うーむ。国家が『これが秩序』と法律で決めたら、そうなるということですか？　政府にとっては便利ですよねぇ」

中馬「その通りです。権力に反抗する意見を封じ込める武器にもなります。政府を疑う論調やエネルギー政策への批判がネット上や市民のミニコミ紙などから出ていますが、それを『公益に反する』として制限する可能性もあるということです」

金井「そうか！　政府が原発推進なら、原発反対の論調は『国家の利益を害する』と判断することも可能ですね」

「憲法違反になるかも」と思ったら、ビビッてしまい、思ったことが言えなくなったり、書けなくなったりしないだろうか……「自粛」病が蔓延しそうだ。

中馬「大日本帝国憲法の29条を知っていますか？『言論著作印行集会及結社ノ自由ヲ有ス』なんですが、『法律ノ範囲内ニ於テ』が付いているんです」

金井「うわっ、同じ発想ですね！　草案も、表向きは『保障する』と言いながら、実は『認められない』の壁が立ちはだかっている。

集会の自由も制限されたら、首相官邸前などで行われている各種の抵抗デモも、『公益及び公の秩序を害することを目的とした活動』を理由に禁止される可能性があるということですか？」

中馬「デモは公の秩序を害し、暮らしの邪魔をしていると有権者が思って、この条文を容認すれば禁止される危険性は高まるでしょう。私たちの反応をみて少しずつね」

金井「うーーん。憲法は、主権者である国民から、権力者への命令ですよね？」

中馬「そうです」

金井「なのにどうして国民に制限をかけられるんですか？　いったい誰が『認めない』んですか？　なんか、おかしい！　立憲主義に反していますよね？」

中馬「反していますね。そして『上から目線』です。憲法を『権力者が民に対して規制や強制をするものだと勘違いしていますね」

なぜ、上から目線の草案なのか――。この草案を作った憲法改正推進本部の構成メンバーに目が行ってしまった。26人中なんと16人が世襲議員なのだ！

政治記者が長かった中馬さんは、『（政治家の）世襲化は、底辺の暮らしに目が届かない政治、一部勢力だけの特権的な政治、に転じる危険をはらんでいる』とコラム「考」に書いている。

なるほどね。そういうことか。

デモは公の秩序を害し、暮らしの邪魔と思う国民もいるかもしれない。けれど、それよりも、「知らない」人や、「自分には関わりがない」と思っている人の方がずっと多いと思う。少し前の私もまったくそうだった。

禁止されることの怖さや弊害に「気づかない」「関心がない」。だから反対意見もない。でもこのような草案を許し、憲法になってしまえば、それを根拠に法律が作られ、それによって『知らなかった私』もしばられるのだ。

金井「大日本帝国憲法のもとでできた治安維持法では学者、宗教者、文化人、学生など戦争に反対した数十万人が逮捕され、送検は7万5681人、虐殺は90人、獄死は1600人余と資料で見ました。『自由ヲ有ス』どころの話ではないですよね」

国民が主権者であるためには、まずは国民が、国会で何が行われているか、国会議員が何をしているか、していないかなどをきちんと知らなくてはならない。その手段は、傍聴に行くか、マスコミの報道やインターネットなどの情報しかない。

それなのに、「公益を害することは認めない」となったら、国家に都合のいい情報しか得られなくなってしまう。誰もが自由に書いたり、読んだり、言ったり、聞いたりできなかったら、国民の考える力、議論する力が低下する。それでは、主権者の大事な役目「国政の最終決定」ができなくなってしまう。

§ 理不尽を見破る

第三章「国民の権利及び義務」にある草案12条にも「公益及び公の秩序に反してはならない」を付けている。

〔草案12条〕この憲法が国民に保障する自由及び権利は、国民の不断の努力により、保持されなければならない。国民は、これを濫用してはならず、自由及び権利には責任及び義務が伴うことを自覚し、常に公益及び公の秩序に反してはならない。

【現12条】この憲法が国民に保障する自由及び権利は、国民の不断の努力によつて、これを保持しなければならない。又、国民は、これを濫用してはならないのであつて、常に公共の福祉のためにこれを利用する責任を負ふ。

中馬「草案12条には「国民の『自由と権利』には責任と義務が伴うと自覚しろ。『自由と権利』は『公益及び公の秩序に反するな』と書いています」

金井「現憲法は、自由と権利を持ち続けるためには、『あなたたちの常日頃からの努力がいる』『濫用してはいけない』『お互いの幸せのために使いなさい』と、私たちが自由を謳歌するための道標を示してくれていますが、禁止事項はないですね。責任を持って、何かをするときに『束縛がない』のが自由ですよねぇ」

中馬「その通りです。草案が実現し、『義務』という文言が憲法に盛り込まれたとたん、国民の基本的人権が侵害される心配はないのか、気になります」

現行憲法にも、国民の義務は書かれている。教育、勤労、納税だ。
でも、書き方が違う。26条では、教育を受ける権利と併せて子どもに普通教育を受けさせる義務を書く。27条の勤労の義務についても、勤労の権利と併せて書き、勤労条件のさまざまな基準を法律できちんと定めるように促す内容になっているし、児童の酷使も禁じるなど、「国民の味方」感があるのだ。草案とは、ここが全く違う。

金井「草案29条『財産権』の2でもまた『公益及び公の秩序に適合するように』となっています」
中馬「例えば、道路も空港も自衛隊の演習地も『公益重視』で、あなたの土地でも、私の土地でも『問答無用』となるのは困りますね。

くり返しになりますが公益の『公』は誰を指すのか、はっきりしていないのですからなおさらです」

金井「確かに！」

中馬「日本には市民が血を流した革命はありませんが、過去の戦争の何千万人もの犠牲によって、今の憲法を勝ち取ったのだということを忘れてはならないんです。

まして憲法でしばられているはずの権力者側からの、間違った提案に乗ることなどあってはならない。国民は、その理不尽さを見破らなくちゃなりませんよ」

金井「日本人はお上に弱く、議論しない、考えない人が増えてしまったとよく言われていますね。

これも長い間の政府の手だったのではないかと思っちゃいます」

中馬「憲法は権力者をしばるものですが、国民がお互いの利益を侵さないために、国民をしばる法律は、憲法に照らしてできている。憲法が変われば、すべてが変わる可能性があるということです」

§靖国神社公式参拝にお墨付き？

中馬さんは、国などの宗教教育、宗教的活動に関わる草案20条にも注目しているという。

中馬「現20条『信教の自由』の3は、『国及びその機関は、宗教教育その他いかなる宗教的活動もしてはならない』となっていますが、草案20条の3では『ただし、社会的儀礼又は習俗的行為の範囲を超えないものについては、この限りでない』の文言があります」

金井「このただし書きで、どうなるんですか？」

中馬「例えば、首相や国会議員の靖国神社公式参拝に、憲法がお墨付きを与えることになるでしょうね。社会的儀礼や習俗的行為の定義はあいまいで、いくらでも拡大解釈できますから」

金井「権力者の参拝の度に起こる内外からの反発を、国民の味方であるはずの憲法を盾に跳ね返すことができるということですか？　なんかズルくないでしょうか」

靖国問題は「心の問題と外交の問題」。「戦争指導者は戦犯か、英霊か」「自衛戦争か、侵略戦争か」「国のために戦死した人を、国が靖国に祀るのはいいか、悪いか」「戦犯も一緒でいいか、悪いか」「首相が公式参拝するのは、いいか、悪いか」。そういうことを、双方がとことん話し合って、感情のずれを解消することが先決だと、中馬さんは言う。

§なんで私に「強制」するわけ—

草案には、主権者である私たちをしばろうとするものが他にもいくつもある。その最たるものが現99条、草案では102条だ。

【現99条】天皇又は摂政及び国務大臣、国会議員、裁判官その他の公務員は、この憲法を尊重し擁護する義務を負ふ。

［草案102条］全て国民は、この憲法を尊重しなければならない。

2　国会議員、国務大臣、裁判官その他の公務員は、この憲法を擁護する義務を負う。

中馬「現99条の『憲法の尊重擁護の義務』があるのは、『天皇または摂政、国務大臣、国会議員、裁判官、その他の公務員』です」

金井「国民からの命令なんだから、当然、『国民』は書いてない。それなのに草案102条には、国民の尊重義務を書き込んでいますね」

中馬「はい。これでは憲法が『民に対して規制や強制をするもの』になってしまいます」

本来「しばる側」の私も、「尊重しなければならない」とある。

金井「国会議員も国務大臣も裁判官もその他公務員も、すべて国民が税金で雇っている『社員』ですよね。社員には、対価に見合う条件や勤務規定がある。でも『社長』である国民に、同じ条件は当てはまらないですよね」

中馬「草案Q＆Aには、『憲法の制定者たる国民も憲法を尊重すべきことは当然である』と書かれていますね」

金井「現99条の『憲法尊重擁護義務』を果たさず、改憲、改憲と騒ぐ側から言われたくありません！」

中馬「草案には『天皇を元首に』『自衛隊を海外で戦える国防軍に』『国民の権利の行使に歯止めを』ということが書かれている。そりゃ『国民は尊重しなければならない』と書きたいでしょうね」

§「個人」の「個」の字は、超大事だ！

そして13条。「すべて国民は、個人として尊重される」が、草案13条では「全て国民は、人として尊重される」となっていることが、どうも気になる。

「個人として」ではなく「人として」。一見、スルーしてしまいそうな変え方だ。

【現13条】すべて国民は、個人として尊重される。生命、自由及び幸福追求に対する国民の権利については、公共の福祉に反しない限り、立法その他の国政の上で、最大限の尊重を必要とする。
［草案13条］　全て国民は、人として尊重される。生命、自由及び幸福追求に対する国民の権利については、公益及び公の秩序に反しない限り、立法その他の国政の上で、最大限に尊重されなければならない。

中馬「私たちの生命と人権を守るのが現13条（個人の尊重・幸福追求権・公共の福祉）。だから、最も大切と言われています。

　9条の戦争放棄も、13条につながります。幸福に生きるために、自分の命や大切な人、大切なものを失う戦争をしない。相手からも奪わないための9条です。

　『個人』と『人』とでは、尊重のされ方が全く変わってしまうでしょうね」

金井「広辞苑で『個人』を引くと、『国家または社会集団に対して、それを構成する個々別々の人』とあります。現13条の英訳は『個々の』『個別的な』という意味の individual が使われている。『人一般』を表す person ではないのですね」

中馬「個人とは『一個の独立した人格』のこと。『あなた』と『私』は『違う』ということです。これがとても重要です。違うことをお互いに認め、尊重し合いましょうということです」

金井「そうか！　『人として』だと、『違いを尊重しない』というふうに取れますね」

「個」を消して、違いを尊重せず、「公益、公の秩序」が何度も出てくる草案が目指しているのは、個より、「公益、公の秩序」が優先される社会なのではないだろうか。それって、暮らしやすい？

中馬「1つの価値観しか認めないと、戦前と同じことが起きます」

金井「戦前と同じとは？」

中馬「安倍さんはじめ、戦後民主主義一掃派の自民党議員には『個人』『個人の尊重』嫌いの政治家が多いんです。特徴は『公＝国家』と『個＝私』を上下関係で見ていることです」

金井「公が上で、個が下ってことですか？　日本は『国民主権』の国で、国のあり方を決める権利は、それぞれの『個』にあるのに？」

中馬「教育基本法は第一次安倍内閣の時、2006年に全面改定されましたが、その時に旧基本法の第1条にあった『個人の価値をたっとび』も消えています。

個人の価値のほか、『真理と正義』『勤労と責任』『自主的精神』も消え、新法に入っているのは『必要な資質』です」

金井「その『必要』の中身は、誰がどうやって決めるのですか？」

中馬「時の権力側が、やろうと思えばどんなことでも都合よく『必要な資質』とすることができるということです」

金井「うーむ、これが『戦前と同じ』かぁ」

『個の確立』とは、自分の頭で考えて、自分の足で立つということだ。それを普段からしていないと、『考えないこと』が習い性になり、サークルや会社をはじめ、政府や地方自治体の長の言うことも鵜呑みにして実行する人間になっていってしまうのだという。

中馬「その結果、思いもしなかった方向へ進み、第二次世界大戦のときのように、あっちへ、こっちへと将棋の駒のように動かされ、ついには死んでいくことになるかもしれませんね。そんなことだけはごめんです」

金井「本当に……」

どうしたらそんな悲惨なことにならないで済むのだろう。

中馬「1人ひとりが理性と、理知的な判断力を持つことだと思います。それは自民党の草案や新教育基本法から消えてしまった『個人の確立』なしには生まれないんです。

いまだに上意下達の仕組みから抜けられない政治では、もうやっていけないはずです。『公と私』をどうやって健全な共存関係に持っていくか。そのためには、まず私たちが、『すべては「個」から始まる』ということを信じ、『「公」はその個人が豊かに暮らせるようになるための仕組みに過ぎない』と考えることが大事なんです」

あなたや私が幸せに生きるために、この国の仕組み、政治も行政も、税金、年金もあるのだということだ。

§権力側がハードル下げてナニするの？

現憲法の96条は「衆参両院の3分の2以上の議員の賛成で国会が発議し、国民投票で過半数の賛成があれば憲法は変えられる」という条項。

第二次安倍政権では「96条の先行改正」という奇策まで飛び出した。さすがに多くの反対で立ち消えになったが、草案の改正条項（100条）は、「両院の過半数の賛成で国会が議決、国民に提案」となっている。

96条が草案100条のように変われば、憲法が「変わる可能性」は高まる。

［草案100条］この憲法の改正は、衆議院又は参議院の議員の発議により、両議院のそれぞれの総議員の過半数の賛成で国会が議決し、国民に提案してその承認を得なければならない。この承認には、法律の定めるところにより行われる国民の投票において有効投票の過半数の賛成を必要とする。

中馬「憲法は国の基本です。これが変わると多くの法律が変わりますから、近代国家では憲法の改正には高いハードルを設けている例が多い。時の権力者が勝手に変えることができないようにです」

金井「今、まさにその『時の権力者』がハードルを下げて、変えようとしているんですね」

中馬「国務大臣、国会議員などにも、改憲を主張する自由はあるというのが政府の考えです。そういう考えがあるにしても、99条の『憲法を尊重し、擁護する義務』を彼らがどこまで守っているか、疑問ですね」

立憲主義とは「憲法に従って国を治める」ということだ。その憲法は権力者をしばっている。権力者が暴走して、国民の人権を脅かす可能性があるから、立法、司法、行政に分けて権力を分散させる。それが「三権分立」だ。
となると、行政の最高責任者で、この国一番の権力者である首相が「改憲は悲願」と言うのは、なーんか変だ。

中馬「繰り返しになりますが、憲法は権力をしばるもの。法律は国民をしばるもの。その法律は、国民の代表だけど『権力側になった』国会議員が憲法に沿って作ります。憲法が変われば、法律も変わる。どんな法律でも作れる可能性があるということです」
金井「なんだか、怖いですね……」
中馬「怖いですよ。安倍さんは『王制の時代ではない。日本は民主主義なのだから心配ない』と言っていますが、権力者の言うことは……」
金井「まず疑え！　現に、権力側が自分たちをしばる縄を緩めにかかり、私たちをしばる法律を好き勝手に変えようと目論んでいるわけですものね。そのことに、少し前までの私も含め、多くの日本人が気づいていないことが大問題です」

安倍首相は占領下で作られたことを理由に、憲法を改正し「国民の手に取り戻す」と言うが、96条を緩めて改正のハードルを低くすれば、憲法は国民の手ではなく、「権力者の手」に入る危険性が高まるということだ。

§守られる人権が「減る」ということ

草案では、現憲法の第十章「最高法規」にある97条がすべて削除されている。

【現97条】この憲法が日本国民に保障する基本的人権は、人類の多年にわたる自由獲得の努力の成果であつて、これらの権利は、過去幾多の試練に堪へ、現在及び将来の国民に対し、侵すことのできない永久の権利として信託されたものである。

11条に「基本的人権」の条文がありながら、なぜ「最高法規」の章に、その「本質」を書いているのか。それは、97条に、この憲法がなぜ「最高法規」であるかという理由が書かれているからだ。

中馬「『最高法規』とはどういうことでしたか?」

金井「えーと……日本の法体系で、一番上にあるものです。憲法が一番上にあり、その下に法律や命令があります」

憲法に照らして、法律や命令などができ、憲法に反する法律は作れないし、もし、できてしまっても、効力はない、ということだ。

97条は基本的人権の本質を書いたものとされる。これがなぜ、最高法規であることの理由なのか――。それは、この憲法の重要な役割が、あなたや私の「人権」を国家権力から守ることなのだと、改めて確認するためだ。

最も尊ぶべき基本的人権を守るものだからこそ、この憲法は最高法規でなければならない、ということを言っている。

中馬「97条が人権の章にではなく、最高法規の章に書かれていることにこそ、意味があるのです」

金井「なるほど。それなのに全削除！」

中馬「97条の削除だけではなく、基本的人権に関わる部分に、変更が数カ所あります。11条の『基本的人権』の条項からは、『現在及び将来の国民に与へられる』が消えています」

【現11条】　国民は、すべての基本的人権の享有を妨げられない。この憲法が国民に保障する基本的人権は、侵すことのできない永久の権利として、現在及び将来の国民に与へられる。

〔草案11条〕　国民は、全ての基本的人権を享有する。この憲法が国民に保障する基本的人権は、侵すことのできない永久の権利である。

金井「『この憲法が国民に保障する基本的人権』の、『この憲法』が変わってしまったら、『保障する人権』も変わってしまうんですね。草案では『将来の国民』には与えられなくなってしまった……」

中馬「草案のQ&Aには『人権規定も、我が国の歴史、文化、伝統を踏まえたものであることも必要』とありますね、これは人権は普遍的ではなく、国によって違うという主張です。

Q&Aには『現行憲法の規定の中には、西欧の天賦人権説に基づいて規定されていると思われるものが散見されることから、こうした規定は改める必要があると考えました』という記述もあり、明らかに天賦人権説を否定しています」

中学や高校の教科書に載っている、生まれながらの権利、自然権としての人権である天賦人権は日本では認めないということだ。となると、草案が認める人権は「国賦人権」ということになる。

基本的人権は、その国の権力者によって与えられるものとする考え方なので、その「国」や「時の政府」によって変わることもある。権力者が「こういう国に変える」と決めれば、人権も変わる可能性があるということだ。

§女性のシアワセは、きっと、社会のシアワセ！

「日本の女性が幸せになるには、何が一番大事かを考えた」――。現24条（家族生活における個人の尊厳と両性の平等）を起草した元GHQ（連合国軍総司令部）女性職員、ベアテ・シロタ・ゴードンさんの言葉だ。

草案は、この24条にも変更を加える。

金井「5歳から15歳まで日本で過ごしたベアテさんは、さまざまな差別を受けながら暮らす日本女性の姿を見て育ちました。『男性と同等の女性の権利を、はっきりと掲げなければならないと思った』と自伝にあります」

中馬「現憲法になる前の日本の女性たちは、自分の意思で結婚も離婚もできず、裁判を起こす権利も、財産相続権もない。選挙権もない。借金や相続、訴訟行為、不動産の取得などには『夫ノ許可ヲ受クルコトヲ要ス』（旧民法第14条）でした」

当時だって、借金や相続、訴訟行為、不動産の取得などを含むいろいろな能力が男性と同等の、いや、より優れている女性だっていたはずだ。けれど、女性には選挙権、被選挙権すらなかった。

ＧＨＱが却下した松本草案を書いた『憲法問題調査委員会』のメンバーも当然、全員男性。当時の女性の立場を差別だと思うことも、その立場から救わなければと思うこともなかっただろう。

金井「当時の女性はまさに手枷《かせ》足枷状態。救ってくれたのが、当時22歳のベアテさんが起草した24条です。

草案の24条には『家族は、互いに助け合わなければならない』という文言が加えられていますね」

［草案24条］家族は、社会の自然かつ基礎的な単位として、尊重される。家族は、互いに助け合わなければならない。

中馬「家族が助け合うことは良いことです。けれど憲法に書かれたら、老親の介護は『家族でしなさい』と裁判所が判決をくだす論拠になりかねません」

金井「えっ、それが狙いですか。在宅介護の介護者の約7割が女性なのに、ますます女性に負担がのしかかってしまいます。女性の幸せのために作られた24条を、再び手枷足枷にするつもりでしょうか」

§自分で動く。人任せはダメ

金井「国にも、成長期や老年期があると思うのです。日本は30年以上子どもが減り続け、結婚率も出生率も下がる一方です。人口が1億人を切る日も遠からずやってくる。

作家の高村薫さんは『安定した低成長社会を目指せ』と言っています。私も『豊かさ』は経済成長だけではないと思うんです。自分だけではなく、子や孫にどんな日本を残したいかを考えなくてはいけないですよね」

中馬「その自分の考えを、表明するのが選挙だと思います。今回（2013年6月）の都議選の投票率43・5％を見ても、『自分が行かなくても変わらない』と思う人は多いのですが、それは違う。投票率が上がると、『組織票の力』が（相対的に）に下がる。選挙結果が民意に近づくのです」

金井「私の1票でどうなるわけでもないしーとか、入れたい人いないしーとか、思いたくなっちゃうのわかります。政治はわからないし、選挙に行くのは面倒くさいし……」

中馬「そうですね。例えば、入れたい候補者はいないけれど、この人（A候補）にだけは当選してもらっては困るってことありますよね。

そんなときに、『A候補を落とすのに有効な候補者』に入れるという投票の仕方もあるんですよ。『戦略的投票』といいます」

選挙は、「私の1票を託せる人、私の思いを代弁してくれる人」を選ぶものだと思っていた。でも、「私たちの代表にしたくない人を、落とすためにする」という投票もあるのだ。でも、当選させるための投票より、うんと頭を使い、さらに有権者同士の結束が必要になる。だから「戦略的」なのだ。

中馬「自民党草案では、『主権者である国民が、権力をしばるもの』である憲法が、『権力が、国民をしばるもの』にすり替えられています。表現の自由、結社の自由には制限が付き、保障されないのも同然です。そんな草案を掲げ、国防軍を作るという自民党を支持する割合は、２０１３年7月の参院選では70代と20代が最も高かったですね」

金井「国防軍ができ、もし徴兵制になれば、まず兵役に就くことになるのは20代。70代はその祖父母ですよね。なぜ支持できるのでしょうか?」

中馬「戦争に行くのは自分（や孫）ではないと思っているからでしょう。『戦争が始まったら、自分は国外に逃げる』と考えている。あるいは、何も考えていないか、威勢がいい方がカッコいいと思っているのか。万が一戦争になれば、特定秘密保護法で国民は何も知らされず、始まった時には既にがんじがらめ。どこにも逃げられないし、受け入れてくれる国もないのですが」

他人事ではない。他人事ではないのだ。2015年、自衛隊の一般幹部候補生の応募は前年より約14%も減った。技術職の技術海曹もほぼ半減した。2014年に生まれた子どもの数は過去最低だ。「国防軍」の兵士には誰がなるのだろう? 徴兵制、あるいはアメリカに倣って〝経済的徴兵制〟にならないという保証は、ない。

金井「年金、医療、介護など社会保障費は削られ、税金はさらに増える。これで国民は幸せになれるでしょうか?」

中馬「うーん……。この状況に不満なら、不満だと示さなければなりませんね。力が足りなければ結集することを考える。

2013年7月の参院選で沖縄県民は小異を捨て、共産、社民、生活、みどりの風が団結し、沖縄社会大衆党の糸数慶子さんを当選させることで、安倍政権にNOを突きつけました」

金井「『野党共闘』と言うのですよね。『沖縄の犠牲の上での平和』に甘んじ、見ぬふり続けた本土の私たちは、小異を捨てる賢さを失っていますか? まだ、『戦争のできる国』を回避できますか?」

中馬「『自分のこと』と自覚できれば大丈夫です。選挙で投票することで意思表示することももちろん大事ですが、それだけではありません。

地元選出議員へのメール、ファクスなど行動する。オペラ歌手の佐藤しのぶさんは核兵器反対の歌をうたっています。

絵、短歌、書道、芝居、朗読、投書など各人が得意なことや、SNS、ブログ、おしゃべり、デモや集会などでつながり、負けない『空気』をつくることです」

自分のこととして「行動すること」。人任せにしないこと。戦争のできる国を回避できるか、否かは、そこにかかっている。

§改憲草案　ぜひ、あなたも一読を

現23条の『学問の自由』は『政治などの諸権力から学問を独立させ、その自由を確立させること』とある。それなのに国は道徳を教科化し、子どもの『心』に優劣をつけようとしている。教科になれば、検定を受けた教科書ができる。国が『良し』とした教科書には、国が『良し』とした価値観があるということだ。人格形成期の子どもたちを特定の価値観に誘導するのは、人権に関わるのではないか。

中馬「道徳の教科化の動き、天皇の元首化、2006年に改正された教育基本法には、教育の目的として『わが国と郷土を愛する』とも明記されました。これらをつなげて考えれば、前にも言いましたが、かつての教育勅語的なものを心配せずにはいられません」

金井「軍国少年、軍国少女たちは、わずか70年前にこの国にあふれていた。教育次第で子どもがそうなってしまうことは、紛れもない事実ですよね」

現憲法の19条の思想及び良心の自由は「侵してはならない」が、草案19条では、程度がわからない「保障する」に変わっている。

思想とは世界観や人生観、社会への考え方だ。「良心の自由」とは自分の良心に反する信念や行動を強制されない、ということだ。「愛する」という心の問題を強制することも19条に反する。

中馬「原発事故の多くの問題は解決せず、自国の核廃棄物処理もできない。それにも関わらず首相が率先して原発輸出を推進する国を、国民は誇れますか？　愛せますか？」

金井「大企業にではなく、国民に愛される政治をし、筋の通った誇れる国になれば、自然に愛国心はわきます。基本的人権に制限を加えながら『新しい人権』をうたい、『アメリカの押しつけ憲法』と言い張る一方で日米安保を強化し、アメリカと一緒に世界の戦場へ行こうとする。これも変です」

中馬「自民党草案は、憲法は『勝手なことをしてきた王や側近を抑えるべく、国民が権力側をしばるもの』という立憲主義に反し、国民は国の言うことを聞けという上意下達型に戻っています」
金井「それなのに各紙の世論調査で改憲賛成と反対が五分五分です。賛成の方々は日本国憲法や、草案を読んだ上で答えているでしょうか？

たとえ、正確な判断材料がないまま答えた改憲賛成でも、それが『世論』の1ポイントになり、世論調査に影響される人がいることを意識して、答えてほしいと思います」
中馬「自民党がなぜ、96条の先行改正を選挙公約に入れるのを見送ったか。世論がそれを許さないと感じたからです」
金井「多くの国民が、日本国憲法を読み、草案と読み比べる。政治に敏感になり、声を上げ、伝え続ければ、無視はできなくなるということですね」
中馬「政治家は世論にはすごく敏感ですよ」
中馬さんは、国民全員、特に自民党支持者には、自民党の憲法改正草案（自民党のホームページから誰でもダウンロードできる）を読んでほしいという。

§あきらめる、わけないじゃん！

中馬「今までお話ししてきたように、自民党草案は『自由』や『人権』という人間が生まれながらに持っている権利にまで、巧みに規制をかけている。権力側にはそんな権利がないにもかかわらず」
金井「国民はなぜ危機感を持たないのでしょう？」
中馬「今日を生き抜くので精いっぱいな世の中で、憲法を考える余裕がないからなのではないでしょうか」
金井「今日を生きるのに精いっぱいの人が増えた一因は、小泉政権による規制緩和で非正規労働者が増えたことがありますね。みんな忘れたのでしょうか？」
中馬「『水に流す』国民性ですね。そして、あきらめが早い」

そんなことはありません！と言うことができなかった。「決まっちゃったんだから、しょーがないかー」。何度この言葉を使ってきたことか。

金井「憲法は一番上にあり、国家権力から私やあなたを守るもの。これが変わるということは、私たちをしばる各種の法律、命令、規則、処分が変わるということなんですよね。今回ばかりは箇単にあきめるわけにはいきません！」

自民党の憲法改正草案では、一番大切な「基本的人権の本質」の条文（現97条）が削除されたり、「私らしく生きる」ために重要なさまざまな自由に制限が付けられたり、義務規定を盛り込んだり。権力者に都合のいい変更によって、憲法を「国民を支配する道具」に変えようとしている。

そして、第二次安倍政権になって以来増え続けていた防衛費は、２０１６年度予算案で、ついに5兆円の大台を超え、５兆５４１億円になった。

金額だけではなく、空母としか思えないような「護衛艦いずも」や、海上から部隊を島などに上陸させるために使う「海上機動性及び防護性に優れた」水陸両用車など、9条に照らせば、買わないでしょ！と思うような買い物が増えている。９条改正を見越してのことか。冗談じゃない！

防衛費も私たちの税金だ。日本は相変わらず１０００兆円を超える借金を抱えている。さらに、人口の12・7％しかいない大事な子どもの、６人に１人は貧困なのだ。これこそ「存立危機事態」ではないのだろうか。５兆円あれば、どれほどの子どもたちを救えることか！

そっちがその気なら、こっちには「野党共闘」が、ある。

Lesson 5

タカラモノは
あなたと私の
「手の中」にある

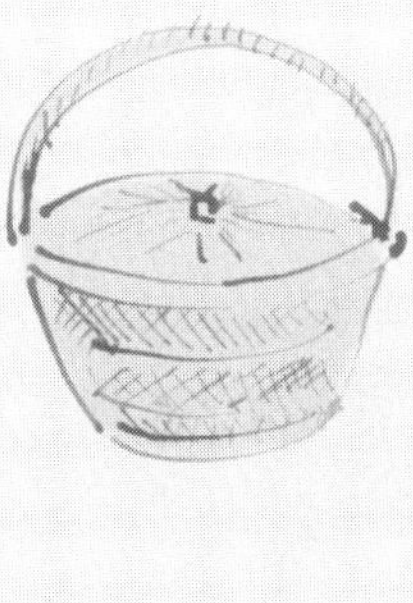

§子どもを軸に見つめたニッポン

2014年3月までの連載中の5年半は激動だった。

戦後初の本格的な政権交代が起き、民主党政権が誕生した（09年8月）。けれど、参院選で自民党が巻き返し（10年7月）、東日本大震災が発生（11年3月）、安保闘争以来という「反原発」の大規模なデモや市民運動が起こった。

戦後最低の59・3％という投票率の衆院選（12年12月）で自民党が政権を奪い返し、13年7月には52・6％という低投票率の参院選で、「有無を言わさぬ」大与党ができた。

12年末の総選挙を経て誕生した第二次安倍政権はその1年後、13年12月に特定秘密保護法を成立させた。

連載を終えてからも、14年7月に日本国憲法を根本から変えることになる「集団的自衛権の行使容認」を解釈変更の閣議決定という手法で行い、12万人を超える国民の反対デモの中、安全保障関連法を成立させた（15年9月19日）。

この政治的な激動の中で東日本大震災は起きたのだ。私は震災によって、今まで、気づいてさえいなかった原子力発電所の存在を知り、その管理の難しさと、いったん暴走したときの被害の巨大さに震えた。

そこから学んだのは、原発と憲法を、原発と基地を、原発と原爆をつなげて考えることだ。沖縄は今も基地問題で揺れ続けている。

「主筆室特訓」が、やっと「インタビューもどき」くらいにはなってきた頃、中馬さんは、乞われて、乞われて在任延長を重ねてきた主筆の座を、ついに退かれることになった。

連載も108回という人間の煩悩と同じ数での終了が決まった。

金井「無謀にも、連載をお願いしたときには、このまま改憲、国民投票の動きが一気に突き進んでいったら『なんか困る』ということだけはわかるんだけど、この無力な私が、戦争に近づいて行くニオイに対して、何かできるのか、まったくわからない。でも、黙ってもいられないっていう気持ちだけがフツフツして……。『護憲か、改憲か』って聞かれることが決まったんなら、その時のために、『まずは憲法を知らなくちゃ』と思ったのが、この連載の始まりでした」

中馬「金井さんの興味の出発点はお子さんでしたね。憲法を、条文から入るのではなく、お母さんとして、子どもを戦争にやりたくないという自分の問題として捉えていらした」

「子どもを軸に世の中を見てご覧なさい」と中馬さんは言っていた。

その言葉を実行する中で、気になることが増え続けた。

道徳が教科化されるって、どういうことなんだろう。教科ってことは教科書やテストがあるのだろうか。どうやって点数を付けるのだろう。

塾に行ける子と、行けない子。もう、ここから格差は始まってしまうのだろうか。

塾の前にコンビニやファストフード店で夕食をとっている子どもたち。育ち盛りの栄養は偏らないのだろうか。家族と会話する時間はあるのだろうか。

障害のある子どもたちは、地域の学校に行けるのか、行けないのか……。

中馬「そうやって見て行くと『教育の機会均等』なんて本当だろうかと思うでしょ。憲法14条（法の下の平等）はあるけれど、一体、私たちに何を保障してくれるんだ、何の役に立っているんだ、というような気持ちがお母さんたちにある。でも、自分たちだけではどうにもできないから、『考えるのはやめよう』となってしまう」

金井「そうなんです！　教育基本法が改正されるのも、これの『いったいどこが危険なの？』という感じで……。でも、調べていくと、どうも心に踏み込みたいらしいとわかる。そんなことまでして、この国はいったい何をしたいのか、という疑問が湧いてくる」

「個性を軽んじ、型にはめ込むような愛国教育はまるで戦前」と言われても、戦前を知らないから、実際のところがわからない。
戦争を知らない私が、戦争を知るために、知覧に行き、沖縄に行き、松代に行き、広島に行き……。日本の過去を知るほど、やっぱりおかしいと感じた。
今の政府の推し進める方向に進んで、得をするのは私たちじゃない、という思いだけが増していった。

中馬「ものごとの考え方っていうのは、私は化学反応のカメの子だと思うんです。次々に新しいカメの子がつながっていく。

つまり、金井さんがいま言ったように、疑問を1つひとつ追っかけて行くと、あ、こちらも知らなきゃいけない、このことも勉強しなきゃと思うでしょ」
金井「思います！」
中馬「それが、カメの子型の考え方で、それを身に付けていくと力になると思います。なぜいいかというと、興味を持ちやすくなるんですね。まったく新しいことより、取り掛かりやすい。『あっ、これは、あれとつながっていそうだ』と思うと興味も沸く。この思考法を、私はいつも実践するようにしています」

金井「中馬さん、いつもおっしゃっていますね。『つなげて考えなさい』って」

中馬「そうなんですよ。それをやらないと、人間は飽きちゃうし、1つずつばらばらに考えていると、行き着く先、つまり全体像がわからなくなってしまうんです」

「鳥の目線で上から見れば、全体像が見える」というのも中馬さんが言い続けていることだ。

中馬「大江健三郎さんのお母さんが、憲法や教育基本法ができたとき、『誰でも学校に行ける』と書いてあるのに、うちの子は行けない。『どうやったら行けるのか』と役場に相談したんだそうです。憲法というものの、受け止め方が違っていますよね」

金井「そうですね〜。ふつうは、あきらめちゃいますよね。『どうせ、書いてあるだけよね』みたいに。みんな妙に物分かりがいい。大江さんのお母さんは素晴らしいですね。この方がお母さんじゃなかったら、ノーベル賞作家は生まれなかったですね」

中馬「『憲法に、誰でも学校に行けると書いてあるんだから、どうやったらこうなるの？』と学ぼうとしたわけです」

金井「中馬さんがよくおっしゃる『憲法を自衛隊に合わせるのではなく、自衛隊を憲法に合わせる』も同じ発想ですよね。憲法にはこう書いてある。じゃあ、どうしたら、そうできるの？ ということですよね」

中馬「その通りです。自衛隊には、軍隊的な面と災害救助的な面があるけれど、本当の役割は『国と国民と国土を守る』こと。自衛隊ほど出来のいい組織はないですよ。礼儀正しいし、自然災害における、我が身を顧みない働きも素晴らしい。嵐でも吹雪でも文句一つ言わないし、幹部の英語力も大したもの。世界に誇れる組織です。なぜそうなれたと思いますか？」

金井「なぜなんですか」

中馬「つまり、彼らは軍人じゃないんですよ。市民なんです。だから、軍法会議もなく、自衛隊員が悪いことをしたら、普通の法律で裁かれます。

けれど、軍人は違う。すべてが特別で、軍で起きたことは、軍で始末を付ける。軍隊は自分たちだけの特権社会なので、そこで裁判もやる。だから、軍に都合の悪いことは隠すかもしれない。しかし自衛隊は、軍隊的な面を持ちながら、それができない組織です」

金井「軍隊と自衛隊とでは、そんなところも違うんですね」

中馬「他の国と戦争することは、憲法9条によって捨てたわけですから、その軍隊的な面までも、国民のためのものにするためにはどんな方法があるのか。私たちは、そういう議論も工夫もしてこなかったですよね」

金井「はい、私は全然してこなかったです。大江さんのお母さんのように、『じゃあ、どうすれば』

とは考えず、行動もしなかった。

憲法なんて気にかけず、だから、『不断の努力』なんてするはずもない。その結果、縄でしばられているはずの巨人が私たちに向かって牙を剥き、強行採決や閣議決定になった……ということでしょうか」

過去にも閣議決定だけで決めた例はあるが、「その後に国会での承認を得ることをルールにすべき」だと中馬さんは考えている。

緊急事態など閣議決定しか国家の意思を決める方法がない場合はある。でも、その決定が正しいかどうかは別問題。だから、その後に国会で論議し、最終判断し、時には閣議決定を破棄する。これが正しいやり方なのだという。

§憲法を、暮らしを守る術に

金井「この5年半、繰り返し書いてきたのは、

①武力で民は幸せになれない。国際協力も『武力以外で』

②『国民主権』は絶対に手放してはだめ

③沖縄に平等と平和を
④憲法が保障する『自由』には一切の制限を付けさせてはならない
⑤原子力に『平和利用』は不可能
　この5つでした」
中馬「そうでしたね。社会の動きや事件など、折に触れ、繰り返し書いてきましたね。まずは、タイトルの憲法を『お茶の間に』とした理由をもう一度、確認しましょう」
金井「はい。中馬さんは『憲法を神棚に上げてありがたがっていてはいけない。ちゃぶ台に降ろし、ご飯を食べながら、お茶を飲みながらの話題にしたい』とよくおっしゃっていたからです」
中馬「だから、お家で、ちゃぶ台の管理もしている金井さんが水先案内人になられた」
金井「案内人というよりは、方向オンチの迷い人でしたが……」
中馬「人の暮らしとはそういうものですよね。迷ったり、脱線したり。だからこそ、『私の暮らしを守る術』である憲法が必要なんです」

ヨタヨタ歩きながらも、例えば憲法25条があって、「健康で文化的な最低限度の生活を営む権利を有する」と書いてくれてあるから、今、自分がそうではない生活なら、与えてくれるよう訴えることができると知った。

訴えるためには憲法の存在、中身を知らなければならないのだ。すべての人が、憲法をお茶の間の話題にし、内容を知り、自分の暮らしや人権を守る術にしてほしいと願いながら書いてきた。

§まだ成長？　まだ原発？

連載を始める前は、「門外漢の私に、本当にできるのかなぁ」と思った。けれど、中馬さんが言うように「私の暮らしを守る術」という考え方なら、「門外の人」はいないのだ。

連載開始から2年4カ月後の2011年3月11日、東北の方たちの「暮らしや人権」を奪うことが起こった。東日本大震災だ。

政府と電力会社が言い続けてきた「安全でクリーンなエネルギー」は、事故が起こった途端、原発近隣の住民から、保障されているはずの「居住の自由」「職業選択の自由」（22条）や、「財産権」（29条）を奪ったのだ。

1年後のフクシマへ行った。親から託された畑が放射能に汚染され、それでも畑をあきらめきれない人に会った。甲状腺にしこりと嚢胞が見つかった娘のために「今すぐ県外へ引っ越したい」と思いながら、「老いた両親を見捨てては行けない」と悩むお母さんにも会った。

「定年まで働くつもりの良い職場」を失った人にも、退職金をつぎ込んで建てた「理想の終の棲家」

なのに、積算線量計を24時間、首にさげて暮らしている人にも会った。

そして、震災発生から3年経っても、核燃料は熱を発し、それを冷やすために使用した水は、膨大な放射能汚染水となり、地下水と混じり、海に流れ込み続けている。

金井「こんな状況にも関わらず、2014年2月25日に政府が発表した『エネルギー基本計画案』では、『原発は重要なベースロード電源（常時、一定量を発電する電源）』『原子力規制委員会が規制基準に適合すると認めた場合、原発の再稼働を進める』『核燃料サイクルは、再処理やプルサーマルなどを推進』となっていますね」

中馬「原発を『重要な電源』と位置づけるということは、今後ずっと原発を維持し、新設の可能性も含んでいるということです。

　節電という発想もなく、5年後、10年後の日本に、どのくらいのエネルギーが必要かという試算もないのに、『経済成長実現の基軸はエネルギー』とおっしゃる。

　政府は、日本は豊富な電力でものづくりをし、どんどん輸出し、稼いで、幸せになる。そのためには電力が要るんだと思っていらっしゃる。

　稼げば稼ぐほど、中小企業も設備投資をし、労働者の賃金が増える。賃金が増えれば、彼らは好景気で物を買うから好循環になるという発想なんですね。それの大前提になるのは豊富なエネルギーの確保なわけです」

金井「ものづくりには確かにエネルギーがいりますが、そんな高度成長がもう一度できるもんかい？と思ってしまいますが」

中馬「安倍さんの『アベノミクス』の第3の矢である『成長戦略』を実現するためには、『たくさんのエネルギーが必要』というところからしか考えていないからでしょうね。特に2020年の東京オリンピックを想定していると思うのですが、実現するためには、何が何でも電力が欲しい。

節電のことも、自然エネルギーのことも言わないで、『原発をエネルギーの基軸にする』『この国はエネルギーがなきゃやっていけない』という。

何年後の日本の総エネルギーは、どれぐらい必要だというのは示しもしないで『基軸』という」

基軸とは、物事の基本、中心となるもののこと。日本のエネルギーのベースは原子力発電ということだ。

金井「そうなんですよ！　とにかく原発ありき！　今も自分の家に帰れない原発事故の避難者の方々が13万5906人（2014年2月26日時点）もいるのに、こうした事態への反省や、学ぶという姿勢はないのでしょうか？」

中馬「政府側から見たら、脱原発なんて不可能でしかない。エネルギーをいっぱい使って、高度成長しないと、皆さんが幸せにならないんですよと、こういう発想なんですね」
金井「どうしてこう、儲かるってことでしか物事を考えられないんですかね」
中馬「原発の問題はちょっとこっちへ置いて。まずは日本の人口が減る、生産人口が減る、したがって輸出も減っていくということを前提に考えましょうという話です。その時、日本はどうやって生きていくのかということを考えなくちゃ。エネルギー問題は、その1つに過ぎないわけです」
金井「『つなげて考える』の、まさにその中にあるものですよね」

日本の生産年齢人口のピークは1995年で、2010年までに7%も減少した。この先毎年1%ずつ減り続け、2050年には20歳~65歳は4643万人。2010年の61・4%まで減少すると言われている。
原発を使って、新しく造って、電気をどんどん作っても、それを使って生産する人も、電力を消費する人も減る一方ということだ。

中馬「生産年齢人口が減っていく日本の、これからのエネルギーをどうするかということです。人口が減れば、需要の総量が減り、市場が縮小する。

原発ありきで考えるのではなく、国民は家庭用、商業用の節電を学ぶ。原発事故からの3年間はずっとそういうアイデアが出てましたね。

エネルギー体系をどうするかということを念頭に置いてエネルギー政策を考えた場合には、まず自然エネルギー、あるいはエネルギーの消費を抑えるということに、日本政府は思い切って金を投資する必要があると思います」

エネルギーの消費を少なくする技術開発と設備、自然エネルギーとその蓄電の技術開発こそ、投資すべきものだという。

金井「3年間、原発が1基も動いていなくても、これだけ電力を使っても、この冬（2013〜2014）も去年（2013）の夏も、1回も問題なかったですものね」

中馬「そこのところが、問い詰められていかないですね。天然ガスをアメリカやロシアから輸入するような話の決着がつかないうちに、とにかく原子力発電が基軸だということになってしまった。それは、原発にエネルギーとして以外の『うまみ』があるからです。

エネルギー問題もエネルギーだけで、原発だけで論じるなというのが、私のカメの子発想法です」

「うまみ」とはなんだろう。

2010年の国の原子力関係予算は約4300億円。このうち1千数百億円が『電源立地対策』として原発の立地・周辺自治体へ流れていく。そして、文化会館などの箱モノができる。原子力発電所も巨大な箱モノだ。原子炉建屋の工事は大手ゼネコン5社の独占状態。関連工事も多く、地元の建設業者まで仕事は流れる。建設費がどんなにかさんでも電力会社は困らない。

電気料金で回収できるからだ。発電や送電のための施設（固定資産）の約3パーセントの「利潤」を発電コストに上乗せして、電気料金を決めることができる仕組みだからだ。「固定資産×報酬率(約3%)＝利潤」となれば、原子力発電所のような高価な施設を持てば持つほど、発電所を建てれば建てるほど、資材や設備の原価が高ければ高いほど、電力会社は儲かる。

だから、電力会社は1年に数日しかない真夏日、真冬日の電力需要に合わせて発電所を建てて来たのだ。ほうほう。「うまみ」ね。

ここからはただのヒトリゴト。電力会社が儲かる。建設会社も儲かる。となると、原発を「造った方がいいですよ」と言ってくれる政治家は大事。電力が足りる、足りないとは別の話なのだ。ありがたいから一票を入れる。全社朝礼でも言うかもしれない。「わが社の発展は、○○先生あればこそ！」とかなんとか。○○先生にとっても、「うまみ」はある。

金井「私が『つなげて』考えてしまうのは、原発の推進の狙いは電力確保や『うまみ』だけではなく、原発の運転によって核爆弾の材料になるプルトニウムができることとセットなんじゃないか、ということ。

さらに、集団的自衛権の行使容認や自民党が目指す国防軍の創設とダブルでセットなんじゃないかということなんです。

これを『つなげて考えて』反対しないのはヤバイのではない？ということなんですが」

中馬「確かに。原発に対して非常に寛大な人たちが、不思議なことに集団的自衛権（の行使容認）に賛成してるんですよ。原発に寛大なメディアもまた然りなんですね。

ですから、原発は抑止力であると言った人たちは、原発は日本が生き残るための『武器』だと思ってるのではないでしょうか」

家も仕事も未来も奪われ、健康の不安を抱えて生きることになれば、フクシマは、取材してきた広島や、長崎の原爆の被害と同じだ。

3回の核被害を受けても、核と縁を切れないのは、あの一部の人たちの「うまみ」のせいなのではないだろうか。

長野県は、新潟県の柏崎刈羽原発、静岡県の浜岡原発、福井県の敦賀原発で万一事故が起きれば、汚染される可能性が極めて高い。けれど立地県のように運転再開などについての意見をいう仕組みはない。このままでいいのだろうか。

戦うべきときには、憲法前文の『平和的生存権』や25条（人間らしく生活する権利・これを実現する国の社会保障的義務）、14条（法の下の平等）、22条（居住・移転・職業選択の自由）、29条（財産権の保障）が、力をくれることを忘れないでいたい。

（2016年現在、運転休止も含め15基もの原発がある福井県。隣接する京都府や滋賀県と、原発事業者との取り決めはバラバラだ。京都府は関西電力との安全協定で、高浜原発に関して意見表明でき、関西電力に回答義務も課しているが、再稼働への『同意権』はない。同じ高浜原発に対して、滋賀県と関西電力の安全協定には、再稼働への意見表明権、同意権はともに盛り込まれていない）

§まず危機に気づく。そして学ぶ

日本は「集団的自衛権」について、戦争放棄の憲法9条に照らし、「権利はあるが、使えない」という立場を取ってきた。

「集団的自衛権」とは、自国と密接な関係にあるA国が武力攻撃を受けた場合に、自国が直接攻撃されていなくても、「自国への攻撃と同じ」と捉え、A国と共に実力で反撃する国際法上の権利だ。

中馬さんは、集団的自衛権は冷戦期の遺物で、時代に合わず、国益にも反すると考えている。個別的自衛権とは生い立ちも中身も違うものだという。

でも、安倍首相は、国民投票で憲法改正を国民に問うこともせず、「解釈改憲」や「閣議決定」など、私たちの目と手が届かないところで、集団的自衛権の行使容認を強行しようとしている。（2014年7月、集団的自衛権の行使を容認する憲法解釈の変更を閣議決定、2015年9月、集団的自衛権の行使容認を含む安全保障関連法が成立。施行は2016年3月）

解釈改憲とは、正規の手続きは踏まず、条文の解釈を改めることで、事実上、改正された場合と同じような変更を行うことだ。

中馬「解釈を行う内閣法制局の長官には、安倍さんと考えが近いと言われている人を異例の人事で据え、首相が設けた安全保障に関する有識者懇談会も、首相の言わば『友達』のようなメンバーです」

金井「こんな勝手な、公平公正でないことが許されるのですか？　そもそも私たち国民が権力者をしばる縄である憲法に、『権力者が触るな！』とどなりたいくらい腹立たしいです」

中馬「権力者をしばる縄が、権力者の好き勝手に変えられてしまうという危機に、どうしたら多くの有権者が気づいてくれるのか……。われわれも懸命に書いていますが、『新聞がいうような危険な時代が来るものか』と思っている人も多いんです」

金井「楽観的な人がいると同時に『日本は右傾化している』と、海外からも言われていますね。特にアメリカの新聞が何度も書いています」

2014年2月の都知事選で元航空自衛隊の幕僚長・田母神俊雄氏に61万票も入った。田母神氏は、自衛隊制服組のトップの立場にいながら、日本のかつての侵略を否定する趣旨の懸賞論文を書いた人だ。中馬さんは2008年12月21日のコラム「考」で、「日本の深層部には今も『田母神的なもの』がうごめいている」と書いているが、6年後、それは61万票というかたちになって現れた。

中馬「同胞が他民族を侵したとは思いたくない。でも、歴史は正直です。正しい歴史を学び、侵略という過去を自ら知らなければなりません」

金井「学習しようと思った時、政府与党の意向が色濃く入った教科書で学べるでしょうか？　その時は、子どもたちには親が教えなくてはなりませんよね。でも、20代から50代までに聞いてみても、学校で、日本の近現代史をきちんとやったという人がいないんです。だから、自ら学ぶしかないわけですね。

その上、日本人が誇りを失っているのは、『事実無根の侵略の歴史のせい』などと聞くと驚くばかりで……」

中馬「本当に、驚くほかないですねぇ。『いい国』とは『間違わない国』ではない。過ちを自分で正す国です」

金井「そのほうが、よほど勇気がいる。それができたなら、自分を、自分の国を誇りに思えると思います」

自ら学ぶとはどういうことか。戦争体験者の話を聞く、戦争遺跡に出かけ、戦争の惨さを想像する。

そして「私たちの近現代史の『光と影』を冷静に見抜く力を付けること」だと、中馬さんは言う。影とはアジアへの侵略。光とはその反省にたってできた日本国憲法だ。

§沖縄のつらさは「見ぬふり、知らぬふり」

108回の連載の中で、沖縄を16回書いている。沖縄には、『日本の今の姿』が凝縮されているような気がして、いつも、いつも沖縄が頭から離れなかったからだ。

1960年代頃まで、東京都内や群馬県、埼玉県、茨城県にも多くの米軍の基地や演習場などの施設があった。けれど、労働者や学生の激しい反対運動が起こり、困った政府はアメリカ政府や米軍へ働きかけ、多くを沖縄などへ移した。沖縄に、他の県の470倍もの密度で基地があるのは地理的条件ばかりではない。それよりも、本土に米軍がいることで起こる反米運動をアメリカが恐れたからだという。

1952年に本土にあった米軍施設の面積は1352平方キロ、1960年には335平方キロと四分の一に減少、一方、沖縄は1951年の124平方キロから1960年には209平方キロへ1・7倍に増えている。（沖縄県知事公室基地対策課の資料などによる）

金井「『本土復帰前の沖縄なら、文句は言えまい』ということですか。中馬さんは在日米軍基地や関連施設の74％が沖縄にあるのは、沖縄以外の有権者の『見て見ぬふりのせい』と書かれていますね」

中馬「はい。憲法14条は『すべての国民は法の下に平等』と定めている。でも、米軍基地や関連施設のある沖縄は、兵士の犯罪、騒音や汚染、軍用機の墜落の危険にさらされ、有事になれば真っ先に攻撃される恐れがあるわけです……」

沖縄返還の1972年には本土の米軍基地は196平方キロまで減り、一方、沖縄は278平方キロとさらに増加していた。2013年のデータで返還後の推移を見ると、本土はさらに80平方キロまで減少、沖縄も228平方キロと減ってはいるものの減り方は鈍い。(同)

金井「平等とはとても言えないですね。その上、沖縄以外の有権者が見て見ぬふりを続けた結果、日本全土が『沖縄化』してきていると言われるようになってしまいました。新潟県では日米共同訓練が行われていますし、オスプレイの訓練飛行ルートはほぼ日本全域にありますね」

中馬「そうですね、青森県から沖縄県まで7つあって、低空飛行訓練のルートは全国の21県138市町村に及びます。長野県も高度60～150メートルの超低空の訓練ルートです。わずか20階建てのビルくらいの高さを、オスプレイが飛び回るわけです。『本土の沖縄化』でいいのかということです」

軍事行動をし続ける米軍の基地や施設を集めた沖縄。有事の際、基地が最初に攻撃されるのは、軍事の常識なのだそうだ。

基地を沖縄に集めることを決めた政府要人は東京の、安全なところにいる。70年前の沖縄戦と同じだ。それでもまだ、私たちは「見ぬふり」を続けるのだろうか。

§日米安保はテッパンか

金井「見ぬふりを続けていたら、日本中にある訓練飛行ルートで、ある日、突然オスプレイが降ってくることになるかもしれませんよね。
その時、日米地位協定に阻まれ、地元警察は現場検証もできず、被害者は事故の原因を知ることも、責任を追及することもできない、なんてことになるかもってことですよね？　米軍に、『出て行って！』『自分の国に帰って！』と言えば、出て行ってくれるものですか。アメリカとの関係が悪化するとか、中国が攻めてくるとか言う人もいますが」

中馬「日本は出て行って、とは言わないですね。今の政府は、アメリカにいてもらわなきゃ困るっていう発想ですから。尖閣諸島を守ってくださるのはアメリカと、こう思ってるわけでしょ」

金井「カリフォルニアの沖合で小さな島を使って、日米一緒になって、尖閣を想定した訓練をやってましたね。でも、訓練をやったからって、本当に守ってくれるんですかね」

中馬「それはわからないし、それを決定づけるものとして、政府がよく言うのは、『安保条約を粛々と実行します』という言葉です。

で、アメリカは、『あの島は、安保条約の適用内です』と言う」

「適用内」なら、そこに敵が攻めてきたら、アメリカは日本とともに戦いますということのはずだ。ところが、そこまでは言わないのがミソなのだ。

なぜか。安保条約の条文には「それぞれの国の憲法の定めに従って」と書いてある。アメリカが戦争をするためには、議会の了承がいるのだ。

金井「議会を通してる間に終わっちゃいますね、あんなちっちゃい島。アメリカの議会が、日本を助けるために、自分のところが損しちゃうかもしれないことを、通してくれるとは思えないです」

中馬「損する？」

金井「はい。だって、中国はアメリカにとって最大の貿易相手ですよね。中国と戦ったら、自分のところに不利益が生じるかもしれない。そんなことをしてまで、アメリカ議会が日本のためにOKを出してくれるなんて思えないです」

中馬「確かに、アメリカは日本のために戦う気はないと思いますね」

金井「それなのに、尖閣想定の共同訓練で日本は感激しちゃって、やっぱり日米同盟とかいって浮かれちゃうんですか？」

中馬「おめでたいけど（笑）、政府は『安保条約があるから』と言ってますね。

それともう一つ、尖閣はともかくとして、南沙群島の辺りまで中国が支配すると、アメリカとしても困るはずだから、必ず一緒に戦ってくれると政府は思っているんです。

ところが最近のアメリカの世論は、必ずしもそうじゃない。でも、アメリカは口が裂けても『やらない』とは言わない。中国に対する牽制の意味もあってね」

金井「でも、それは日本を守ってくれるという保障にはならないですよね」

中馬「そうそう。保障はないんです。ここが安全保障の難しいところで。万一論がそこで入ってくるわけです。

『万一戦争が起きる』っていう言い方もできるけど、『万一アメリカが守ってくれなかったら』ということも言えるわけです」

§「沖縄の役に立つ議員」は誰だ！

中馬さんはアメリカのマサチューセッツ工科大で安全保障を学んでいる。その見識を踏まえ、「中国は絶対に日本に攻めて来ない」などという発想はないと言う。そういう「可能性はあるだろう」と。けれど、その前にどうやって止めるか、ということをまずやらなければならないのだと力を込める。

軍事力の行使になだれ込む前には、必ず兆候がある。その兆候を探知するのが外交であり、国際関係なのだそうだ。

そういうことを考えず、向こうが武器で来るかもしれないから、こちらも武器を整える。こちらが強大な武器を持てば、向こうはそれでひるむか、というと、そんなことはないのだそうだ。また向こうもこちらを上回るほど強大にする。で、またこっちも大きくする……。こうして軍備増強、軍備拡大競争につながっていく。

その結果何が起きたか。アメリカと冷戦で対立していたソ連は、軍拡競争が経済の疲弊を招き、崩壊の要因になった。


中馬「まず、中国とはお互いに軍事力は使わないという前提を示す。小競り合いはあろうとも、これ以上はエスカレートさせないという前提を作る。

そのためには、ホットラインを設けるとか、あるいは首脳会談をしょっちゅうやるとか、両国の防衛大臣、外務大臣の会談やるとか。そういうことを積み重ねていくことが重要なんです」

金井「近隣とは、仲良くする努力をしなくてはなりませんよね。引っ越せないんですから」

中馬「と思いますけどね。嫌いだったら腹の底から付き合う必要ないけど、少なくとも、俺もお前に迷惑かけないから、お前もかけないでくれよ、ということにはしとかないとねぇ。戦争さえしなけりゃいいんですよ。嫌なら行かなきゃいいんですから」

日米安保条約は１９６０年の改定を経て、10年間の固定期間が過ぎれば、１年前に予告することで一方的に破棄できることになっている。予告がなければ自動的に延長されていく仕組みだ。にもかかわらず、一度も見直しはされていない。なぜなのだろう。

中馬「金井さんは70年安保のとき、おいくつでした？」
金井「ナイショです」
中馬「60年安保の時、『10年後には変える』と多くの国民は誓ったんだけど、70年になったら、アメリカの方があっ気にとられたぐらいの勢いで、学生運動も何もかもパーッと消えていったんです。

だから70年安保で挫折した人たちはたくさんいますよ。70年から後は自動更新を重ねていて、もはや安保に反対するなんていう声も出なくなってしまった」
金井「日本人って、何でもしょうがないって思っちゃうんですかね」
中馬「そういうところありますね。沖縄がやってくれてりゃいいや、っていうような……」

金井「そうするともう、一生このまま？」
中馬「一生このままかもしれない……」
金井「そんなあっさり言わないでください！」
中馬「だって、この国の人が、安全保障の問題で抵抗すると思えないんですよ、今」

2014年2月のことだ。長野県内のある場所で、夜中に空から何時間も轟音がし、住民が眠れないということが続いた。自衛隊ではなかった。そうなると当然、米軍なのだが、自衛隊も行政も、そうは言わない。何が原因かを行政が明らかにしたのは1週間近く経ってからだった。

中馬さんは、「それがやがて8日になり、10日になり、もう明らかにしないということだってあり得る」という。

オスプレイが落ちて来なくても、轟音によって眠れない夜が続くかもしれない。それによって、体調を壊しても、原因が明確にされなければ、訴えることもできない。

中馬「それに甘んじるのか、基地ゼロに向けて動き出すのか。そんな目に遭わないためには、全国民が協力して、米軍基地だらけの沖縄を変えることしかないと私は思います。そのために働く議員を選ぶことです」

米軍基地だらけの沖縄を変える議員を探すには、衆議院、参議院のホームページの「会議録」が役に立つ。

沖縄に関する議題の会議録を読めば、どの議員が「沖縄のためになる議員」かがわかる。

手間はかかるが、県議会や市議会を傍聴するのも有効だ。「アンタは政府の広報担当か?」と思ってしまうほど、政府側と同じ発言を繰り返す議員もいる。国会議員を変えるには、まずは県議会、市議会からなのかもしれない。

§自分のことだけを考えない。これが日本国憲法

「人を殺してはいけない」「人のものを盗んではいけない」「人の心に、土足で踏み込んではいけない」。どんなに時代が変わろうと、変わることがない「いけない」ことだ。

安倍首相が「時代の変化に合っていない」という日本国憲法に書かれているのは、そういう普遍的なこと。地球人の中の、アジア人の中の「日本人」として、「どう生きたいか」という、魂の道筋のようなものだと思う。

金井「中馬さんは現憲法をどういうものとお考えですか？」

中馬「まず、世界的視野を持って、日本の柱を作ったという点が、画期的ですし、素晴らしいと思っています。

前文には『全世界の国民が、ひとしく恐怖と欠乏から免かれ、平和のうちに生存する権利を有する』とある。

『自分たちだけが良ければいい』という考えではない。それは、とても難しいですが、素晴らしいことなのだから、一歩でも近づくよう、私たちは努力する。

2つ目は人間が人間らしく生きるのに必要不可欠な人権、居住、結婚などについて、現実に根ざした国際的ルールを入れたことを評価しています」

素晴らしい憲法だと、私も思う。けれど、国民主権でありながら、実態として、主権が本当に国民のものになっているだろうか。

中馬「民が実際に政治を動かさなきゃ、国民主権とは言えないわけです。その点で言うなら、現在の日本の民主主義、つまり議会制民主主義、あるいは間接制民主主義というものの、限界が問われています」

どういうことか。間接民主主義が機能するためには、選ばれた側が「国民の代表」としての能力と見識を備え、常に民意を注視し、それに添う必要がある。そうしないと有権者の願いを政治に反映させる方法は極端に細り、民主主義は形だけになる。

さらに、代表を選ぶという行為は、人気取り政策、ウケ狙いに陥りがちだ。ツケを将来に回してでも、今の有権者に口当たりのよい政策だけを推し進める、そんなことが起きやすい。

そのうえ、現在の小選挙区制という選挙制度は、選挙区の1位の候補者しか当選できない。だから、全ての小選挙区の合計では得票率が48・1％しかなくても、295議席中223議席を占めるなんてことが起きる。（2014年12月衆院選）

「小選挙区のマジック」によって、巨大与党が誕生しちゃったりもする……。議会制民主主義（間接民主主義）、選挙という手続きを経ているのに、独裁を作り出しかねないという事態になってしまうのだ。

だからこそ、中馬さんは言う。「有権者は、政治家任せにしておくのではなく、もっと行動しよう、議員にも働きかけよう」と。

金井「主権が天皇にあった70年前まで、平和を求めた議員はほんの一握りだし、女性には選挙権がないし。政治の場に民意は全く届かず、あれだけ痛い思いをしたわけですよね。けれど、痛い目に遭ったことすら、戦後生まれの私たちにはきちんと伝わっていないないし、日本軍がどんなことをしたかということも正しく伝わっていないですよね。だから、平然と侵略の歴史はないって言っちゃったりとか。

やっぱりそうすると教育の問題ということになるんでしょうか。ちゃんと近現代史をやってきてないっていう……」

中馬「そうですねぇ、教育の問題と、もう1つは政治の仕組みの問題だと思います。例えばドイツは、ヒトラーという者の存在そのものを認めていないわけです。ヒトラーの本は1冊も印刷しちゃいけないということを、ドイツはまだやってるじゃないですか。

言論の自由という意味で言えば間違っているのかもしれない。しかし、ドイツは完全に抹消しちゃうわけです。しかも、ユダヤ人を苦しめた人たちをいまだに追っかけている。そういう強靭な、戦争を起こした人への憎しみというのを、私たちは持ち合わせていないし、そういう政治をやったことがないんですね、この国は」

（2016年1月、ドイツの歴史研究機関「現代史研究所」がヒトラーの著書「わが闘争」を歴史面の注釈などを加えて再出版した。同書の著作権を保有する南部バイエルン州は出版を認めてこなかったが、著作権が2015年末に切れ、第三者の出版が可能になっていた）

金井「やっぱり、中馬さんがよくおっしゃる、過去の清算をちゃんとしてない、ちゃんと反省してないから、ウニャウニャってなったまんま、同じことを繰り返そうとしているんですかね」
中馬「俺たちに何の責任があるんだということは、依然として日本人にはあるわけですね。俺はやってないと。やったのはみんなだよと言う。東條英機だと言わない。みんながやった。
戦争が終わってすぐに、天皇の叔父（東久邇宮稔彦王）が総理大臣になって、『一億総ざんげ』というのをやりだす。責任者は誰もいないんです、日本には」
金井「今の原発みたいですね」
中馬「まさにそうですね。原発もそうだし、沖縄もそうだし。この国には責任者は誰々というのがいないんです」
金井「そうすると、また同じことを繰り返すしかないんですか？」
中馬「繰り返すでしょうね、同じことを。そのまんまかどうかは別ですが、結局もう一度やるのでしょうね」
金井「力がなくなっちゃいます……」
中馬「そうそう。なくなっちゃう。虚しくなる。虚しくなるけど、なったからといって、どうします？
死んでしまった後なんて知らないと言えますか？　金井さんだって、お子さんがいるから、そういうこと思わないでしょ」
金井「……そうですね」
中馬「孫ができたら、もっと思わなくなりますよ」
金井「そうですね。この子のために、一歩でも、半歩でも、何とかしとかないとと……」
中馬「そう、そう。でも、いつも考えるんですよ。『俺のほうが間違ってるんだろうか』って」
金井「私も時々そう思っちゃうんです」
中馬「私は、毎日そう思いますよ。朝、本当に嫌な気分で目が覚めて。『ああ、俺のほうが間違ってるのかな』と思う。でも、考えれば、考えるほど間違ってるとは思えない。『間違ってないならばやろうか』ということの繰り返しです」

§「寝ちゃった」ら憲法は隙だらけ

民主主義が平等に、万民に渡っていない。万民が主権者ではないということを考える時に、貧富の差、男女の性差などの問題がある。大都市と地方の差、あるいは若い者と年取った者で差が出る。こういうようなものを私たちはどうしたらいいのだろう。

「格差」を考える時にまず浮かぶのが、アメリカ軍の最前線に立たされているのは、低所得者層だという事実だ。

中馬「日本も徴兵制は敷かないでしょうね。そこでまた格差問題が出てくるわけです。兵隊さんに就くのは、いわば、貧乏な人。それは、正規労働者と非正規労働者の違いになるわけですね。今、非正規労働者がどんどん増えていることを憂えている。けれど、非正規労働者は軍隊に行けば、正規労働者になるわけなんですよ」

金井「それはもう、アメリカの低所得者層狩りと全く同じになっちゃうじゃないですか」

中馬「そうなるんじゃないでしょうか。そうなるから、9条改正を掲げる党に投票して平然としている20代がいるのではないでしょうかね。

その心の中は、『俺は違う。俺はお父さんが大学に行かしてくれるから、非正規労働者にはならない。だから軍隊には行かない』といったところなんだろうなぁ」

金井「大学出て、非正規の人、たくさんいますが……」

中馬「つまりね、日本国憲法というのは、いつも例に挙げる25条というのは、最低だけども万民に健康で文化的な生活を保障したんですよ。

これは非常に珍しい条文だと私は思っています。お金持ちであろうが、貧乏人であろうが、男であろうが、女であろうが、沖縄に住もうが、東京に住もうが、全部、文化的で健康な最低限の生活をしてもらおうと。
　残念ながらできていませんよね。生活保護の切り捨てとか、ブラック企業どころか、学生のブラックバイトみたいな問題まで出てきていますよね。『だから、今の憲法では駄目』なんじゃなくて、私たちが、憲法が定めているところへどこまで高めていくかなんですね。
　日本は、国民主権で『主権は国民にありますよ』というだけじゃ駄目なんです。主権者として、憲法の定めるところへ高めるための努力がいるんです。そのためには、目標が必要ですよね？」
金井「はい」
中馬「だから、日本国憲法を、25条というものを目標に掲げる」
金井「そうなんです！」
中馬「そのためには、憲法を知らなくてはできないんですよ」
金井「そうなんです！！」
中馬「憲法というのは、『私たちを守ってくれる』ということを、私たちが忘れているんですよ」
金井「そうなんです！！！」
中馬「そのための努力をするということが、この憲法をますます国民主権のものにしてくれるんです。
　日本国憲法は『国民主権、平和主義、基本的人権の尊重』を保障している。けれど、日々努力しなきゃいけないです。12条にも『国民の不断の努力によって、これを保持する』と書いてあるじゃないですか。それを私たちは怠っているんじゃないでしょうか。

努力しなければ、してないなりのものしか得られない。つまり、『権利は眠る』んです。ほっとくとどんどん寝ちゃうんです」

金井「寝ちゃうんですか?」

中馬「寝ます。寝ていると、どんなにいい憲法でも隙ができる。その隙に『こんな権利なんか要らないよ、日本的な権利や人権でいいだろう』『日の丸が世界中にひるがえるっていいだろう』という勢力が付けこむんです。

憲法というのは、本来、世界中のどこでも、未来でも、異論の出ない目標のはずなんです。さらに、日本には憲法教育っていうのがないんですね」

金井「ないですね」

中馬「『9条の会』のようなところが、やってはくださっているけれど、一部の人に留まってしまい、本当に憲法を、25条や14条や24条を知らなくてはならない人には届いていないんですね。

国民主権であっても権利は寝るんです。権利が寝たら憲法も寝る。それは忘れてはならないと思っています」

§メンドクサイ病は有権者の敵

第二次世界大戦の戦争犯罪人を裁く「極東裁判（東京裁判）」が進み、戦犯の絞首刑が終わると『そこまでしなくてもいいじゃないか、殺さなくていいじゃないか』と日本人の空気が変わったという。

それまでの軍人に対する恨みや憎しみががらりと変わる。

さらに、裁判が終わった時には冷戦が始まっていたので、戦犯だった岸信介さんなんかもすぐ釈放されてしまったのだ。

中馬「安倍さんが言うように、極東裁判を含め、アメリカの対応は決して褒められたものではないと思います。それは認める。ただし、『あなたのその反省のない状態で、そんなことは聞きたくない』ということです」

金井「みんながやった、誰も悪い人がいないとなると……うーん」

中馬「やはり冷戦の影響が大きかったと思います。冷戦があったから、アメリカが日本を味方に付けようとすると、そうなってしまうんですね。

日本は空襲を受けて焼け野原になった後でも、まだ工業力があったので、アメリカは最初、それらの産業設備などをどんどんアジアの国々に賠償として与えようとしたんです。

ところが、冷戦になって朝鮮戦争が起きたら、日本を自分たちに都合のいい工場にしたわけです。そうするともう、軍需物資がどんどん売れて『朝鮮特需』という好景気ですから、日本人は誰も戦争が悪かったなんて、思わなくなってしまった」

金井「そうなんですか」

中馬「そうなんですよ。岸さんが監獄から出てきて、まず言ったことは、『憲法を変えろ』ですからね」

金井「戦争放棄の憲法を、ですね。今また、亡霊が言ってますね」

民主主義とは何か――。固定化したものではないと中馬さんは言う。多数決が民主主義だというのは、間違っているんじゃないか、と。

その政策にどうやって参画するかということこそが民主主義なのだと言う。

中馬「例えば、学校が放課後や土曜まで子どもの面倒をみてくれるというのは、楽かもしれない。でも、本来は自分たちがやらなければならないことを、学校に任せる、お上に任せる、社会に任せるということで、私たちと政治の間を離しているんじゃないかという反省がありますね」

金井「お母さんもお父さんもみんな忙しい。余裕がない。そうなんですけど、我が身を振り返ると、子どもと向き合うことをめんどくさがっていた面も否めないです……みんながやるべきことを、めんどくさがっちゃってるんじゃないかと……」

中馬「そうなんです。めんどくさがっちゃってるんです」

金井「でもそれって、ツケが回ってくるんですよね」

中馬「つけはもう回ってきているんじゃないですか。とにかく、お上に任せっきりにしないことです。集団的自衛権の行使を認めても、行使するには手続きや法律が必要で、それは議会に諮らなきゃいけない。議会がちゃんとしてれば、ということは、つまり、有権者がちゃんとしてれば、いくらでも骨抜きにすることはできるんです」

金井「でも、その議会で議論してくれる議員を選ぶ、有権者の投票率が50%じゃ、どうしようもないですよね」

中馬「問題はそこです」

金井「やっぱりそこに行っちゃうんですかね」

中馬「そうでしょうね。最後は有権者の問題になる。だから有権者に、奮起をお願いするしかないんです」

日本国憲法には、先の大戦の日本人犠牲者310万人、日本人が犠牲にした他国の人々2000万人の血が浸みこんでいる。9条を変えるということは、近隣諸国に対して、「日本はまた第二次世界大戦のときのようなことをやるかもしれない」と宣言することでもある。
金井「自民党の憲法改正草案では、前文がすべて削除され、『日本だけが特別』というニオイを感じます。他国、特にアジア諸国に対して居丈高というか……」
中馬「『特別』かどうか、『国際社会において重要な地位を占めている』かどうかは、自分で言うことではなく、他者が決めることでしてね」
金井「おっしゃる通りです。自他共に認めることは、鎖国しているわけでもなく、どこからも相手にされないような未開の国でもないのに、70年間も戦争をしなかった事実です」
中馬「100年続いたら、どの国も『不戦』という生き方に従わざるを得なくなるのではないでしょうか」

その時こそ、日本は『重要な地位を占める』ことになるのではないだろうか。

戦争や武器輸出で景気を刺激するのではなく、勤勉と工夫で大好況ではないが不景気ではない状態にし、心豊かな暮らしにする。格差を減らしたり、安心して働けるためならば、あなたも私も我慢すべきことは、する——。これが平和憲法のもとでのやり方なのだ。

暴力とは対極の知恵や交渉力、信頼関係を結ぶ術など、高度な頭脳と英知、人間力を持つ国民だと世界中に知られ、後世に残る。

それを望むなら、公僕の政治家や官僚が、そのために働くシステムに、私やあなたの手で、変えていく。その方法を「主権者の私たちが」考えることなのだ。

そう！　権利を寝かさないためにも！

勝負は2016年

通い慣れた主筆室には段ボールが積まれ、雑然としていた。中馬さんは主筆を退かれ、東京に戻られても「論説顧問」として、信毎東京支社に時々お顔を出されることになる。そうは言っても、やはり、寂しい。

それにしても、あんな状態から、よく5年半も続けて来られたものだ。いや、中馬さんが、よく辛抱してくださったものだ……。

主婦も母もやり、BARや和菓子の本など、ミーハー色も満開のまま走り続ける私を、「新聞記者視点で見せていただいていた」と笑った。

なぜ、続けてきたか――。世の中のいろいろが不安だったからだ。理由がはっきりしない改憲の声。強行採決や閣議決定、小選挙区制のマジックや1票の格差。わけがわからないうちに、思わぬ方向に、戦争に、「近づいている」という不安から逃れられなかった。それは、今も続いている。

「憲法を、条文から入るのではなく、お母さんとして、子どもを戦争にやりたくないという自分の問題として捉えていたのが、長続きした理由」だと、中馬さんは言ってくださった。その子どもも、すでに成人し、社会人になっている。長い時が流れたのだ。

松本平タウン情報の「読者ひろば」には、平和や憲法に関する投稿が増え、高校の社会のテキストとして「お茶憲」（連載の愛称）が使われたりもした。

「みんな、不安なんだ」。それが励みだった。

相変わらず、おいしー、たのしー、うれしー（の3C）には目がない。バーゲンに走りながら、ヘッドスパでまったりしながら、女子会ではしゃぎながら、考え続けた。「これって、平和だからできるんだよね」と。


中馬さんが語られた〝予想〟は、時の流れの中で、ことごとく現実のものとなっていった。その「中馬さん予想」で、唯一はずれたものがある。

最後のインタビューで語られた「この国の人が、安全保障の問題で抵抗するとは思えないんですよ」だ。その言葉から1年3カ月後、集団的自衛権の行使容認を含む新安保法（戦争法）に「反対するデモ」が、シールズ（SEALDs　自由と民主主義のための学生緊急行動）という集まりを中心に起きた。シュプレヒコールは「コール」と呼び、チラシは「フライヤー」、マイクをにぎる学生たちが見ているのはスピーチを打ち込んであるスマホだった。

みんなカッコよくて、女の子たちはミニスカートと何重にも重ねたネックレスや、はやりの帽子におしゃれなトップス。きれいな髪をなびかせて、集団的自衛権の行使で、もし日本が戦争する国になったら、経済的徴兵制になったら、「戦場へ行かされるのは、自分たち若者だ」と訴えていた。

新安保法制を強行採決した政府与党に投票した20代もいる一方で、こういう20代もいるんだ！　嬉しかった。まぶしかった。マスコミが取り上げ、その扱いは徐々に大きくなっていき、沖縄や近畿、東北、東海にご当地シールズができ、安保闘争に敗れた中高年や、不穏な空気を感じるママたちにもその動きは広まっていった。

私も、「戦争をさせない1000人委員会・信州」の呼びかけ人になり、「本気でとめる戦争法！松本アクション」の立ち上げメンバーになった。残念ながら20代はいない……せめてもと、イベントの時は「虹の中にある色を着ること」を約束にした。虹色はＬＧＢＴの色。少数者が暮らしやすい社会は、きっとみんなが暮らしやすいはず。赤、ブルー、黄色、オレンジに紫……ネズミ色を脱ぎ捨てたオジサンたちは、いつもよりずっとイキイキして見える。シールズから見た目も大事と学んだのだ。目指せ、遠目30代！（汗）

作家の雨宮処凛さんや、ジャーナリストの青木理さんを招いて、若者が集まるファッションビルの前の公園や松本駅前で、戦争法を「本気でとめる」イベントを何度もやった。歌や音楽をスピーチやトークセッションにはさみ込む方式。青空に響くイマジンの歌声に、道行く人も引き寄せられ、参加者が1000人を超えたこともある。

「もっとママたちが反応する人を」とアニメーション映画監督の高畑勲さんにも来ていただいた。仲間たちはバラエティー豊かだ。ママはもちろん、文筆業、ファッション関係、大学教授、高校や専門学校の教諭、農業、医療関係、宗教者、飲食業、サラリーマン、学生、党員や労働組合の闘士もいる。「戦争法に反対」その1点だけで集まっているのだから、当然なのだけど。

「思いだけ」の私と違い、党員や闘士さんたちは集会のノウハウを持っている。警察への届け、会場周辺への挨拶、テントや救護班の手配などを難なくこなし、瞬く間にステージを組み立て、200脚のパイプ椅子や巨大メガホンを魔法のように出せたりする。彼らが縁の下を支えてくれ、ミーハー色全開の私たちが表に出ることで、「なんかコワそう」なニオイを払う。4割を超える無党派の人が、「何かやってる～」と気軽に寄って来てくれるような雰囲気を作る。

得意分野も、友人知人ネットワークも、感性も違う。だからこそ、「カメの子」がうまく化学反応を起こすと素晴らしい結果になるのだ。

「お約束通り、自分の頭で考え、人任せにせず、行動していますよ」。時々、胸の中で中馬さんに報告する。

まるで、主筆の責を解かれるのを待っていたかのように病に倒れられ、ご家族の懸命な看病も、たくさんのご友人の励ましも無情にも届かず、2014年11月、他界された。

お見舞いに伺う度に「本はどうですか？　あとがきは私が書きますからね」と言ってくださっていたのに。

自分でも驚いちゃうけど、私は、不断の努力に目覚めた主権者になった。権力者の好き勝手にはさせない。自ら、そう思えるようになるまで、辛抱強く見守ってくださった、そして今も天から見守ってくださっているであろう中馬さんに、深く感謝している。

亡くなるまで心を寄せ続けられていた沖縄へ、行ってきた。

辺野古では米軍飛行場移転のための工事が〝粛々と〟進む。キャンプ・シュワブのゲートに立ちはだかる警視庁機動隊の高圧的な恐ろしさは実際に見ないとわからない。怯むことなく、時折ユーモアさえ交えながら立ち向かう反対運動の方々の姿に胸が詰まる。

嘉手納基地の威圧的な広大さも、フェンス1枚隔てて、向こうは普天間飛行場、こっちは美術館や民家ということの恐ろしさも、テレビで見るのとは大違いだ。私の「見て見ぬふり」の結果は、沖縄の人たちから14条や25条を奪い、辺野古の尊い海の色を、汚すことに加担していた。

「不断」は、「普段」。いきなりイベントなんかやれないのは当たり前。だから、まずは、チラシを配っていたらもらう。デモに出会ったら笑顔を向ける、手を振る。10メートルだけ一緒に歩いてみる。そんなことでも、やっている人にとっては大きな力になる。本当です！

約12万人が国会周辺を埋める中、新安保法制は「これが選良のやることか？」と呆れるような強行採決で成立した。私たちは「選良」を選べていないということだ。それなら、選良を選べるようにすればいい。

1位しか当選しない仕組みなのだから、まずは野党同士が共倒れにならないよう1人の候補に絞ること。そうすれば死票がなくなる。与党VS野党の一騎打ちだ。

そのためには野党が1つになることが必須。だから、仲間たちと一緒に、Ｌｅｓｓｏｎ4の末尾に書いた「野党共闘」のための活動を始めた。けん引しているのは「戦争が起こったら、まともな活動ができなくなる」芸術、文化、教育を仕事にする人、そしてママたち。政党アレルギーの人たちにもじわじわと広がっている（長野県は3月に統一候補が決まった）。

2016年夏。私たちが「本当の主権者になる」、その確かな予感がする。

本にすることをあきらめかけていた私に、かもがわ出版編集長の松竹伸幸さんをご紹介くださったのは、松本猛さん（美術評論家・作家）だ。又坂常人さん（信州大学名誉教授）は、学者の目で、間違いがないか確認してくださった。お二人共、市民活動の仲間だ。信濃毎日新聞社の方々や中馬さんのご友人の方々にも、有形無形のお力添えをいただいた。本当に多くの方にお世話になり、感謝しかありません。

最後にもう一度、中馬さんと、即断してくださった松竹さん、読んでくださったあなたにも、心からありがとうございました。

バレンタインの日に愛を込めて

金井　奈津子

金井奈津子（かない・なつこ）

東京生まれ、長野県在住。フリーライター・コピーライター。日本ペンクラブ会員。

著書に『和み菓子をめしあがれ』『サイトウ・キネンのこころ』（共著）『松本BARストーリー』。

第20回平和・協同ジャーナリスト基金賞荒井なみ子賞

教えて中馬さん！

幸せのための憲法レッスン

2016年4月30日　第1刷発行
2023年6月20日　第3刷発行

ⓒ著者　金井奈津子
発行者　竹村正治
発行所　株式会社　かもがわ出版
〒602-8119　京都市上京区堀川通出水西入
TEL 075-432-2868 FAX 075-432-2869
振替　01010-5-12436
ホームページ　http://www.kamogawa.co.jp
印刷所　シナノ書籍印刷株式会社

ISBN978-4-7803-0836-5　C0036